Arquitectura e movimento

a estrutura e a superfície

João Menezes de Sequeira

DEDICATÓRIA
À Luísa e aos meus filhos Manuel, Pedro e Joana a quem devo a motivação para
o estudo e para a escrita

João Menezes de Sequeira

ISBN 978-989-33-0722-9

ÍNDICE

Em grandes épocas históricas altera-se, com a forma de existência colectiva da humanidade, o modo da sua percepção sensorial. O modo em que a percepção sensorial se organiza – o «médium» em que ocorre é condicionado, não só naturalmente, como também historicamente.

Benjamin, Walter ([1955] 1992; 80)

Mas certamente para esta época que prefere a imagem à coisa, a cópia ao original, a fantasia à realidade, a aparência à essência, é esta transformação, exactamente por ser uma desilusão, uma desilusão absoluta ou uma pérfida profanação, porque sagrada é somente a ilusão, mas profana a verdade. Sim esta sacralidade aumenta na mesma proporção em que a verdade diminui e a ilusão aumenta, de forma que o que é o mais alto grau de ilusão é também o mais alto grau de sacralidade. (...) Aquilo que não existe mais na fé (a fé do mundo moderno é apenas uma fé aparente, uma fé que não crê o que ela pensa crer, sendo apenas uma descrença indecisa, pusilânime, ...) deve entretanto vigorar ainda na opinião e o que não é mais sagrado em si, em verdade, deve pelo menos ainda parecer sagrado.

Ludwig Feuerbach ([1841] 2007; 25).

Também o local do crime é vazio, sem pessoas.
Benjamin, Walter (1955: 88)

1
INTRODUÇÃO

Falar de movimento em arquitectura é quase um paradoxo, pois se, por um lado, a arquitectura é exactamente definida como imóvel, isto é, não sujeita a movimento é, por outro lado, a criação dos espaços onde o movimento ocorre e se constrói. Assim, se revela o aparente paradoxo desta reflexão, que forçosamente tem de se subjugar à própria natureza da arquitectura, onde o movimento é um acto praticado ou representado num espaço físico, mas em que esse espaço físico imóvel é determinante e determinado pelos movimentos que nele ocorrem. Consideramos que é através da redefinição do conceito de representação, que podemos abordar o curto--circuito que geralmente acontece quando queremos pensar a natureza do espaço e a experiência do espaço, naquilo que Bernard Tschumi (1990) designava metafisicamente e respectivamente por «paradoxo da pirâmide e do labirinto». Procura-se também fazer um breve histórico do caminho da representação, desde o desenvolvimento da autonomia disciplinar, até aos anos 60 e a entrada da sociedade de consumo, com o consequente desenvolvimento dos sistemas de mediação. A representação passa de uma obsessão de transparência visual ligada à autonomia do objecto

Arquitectónico, a uma obsessão de interactividade que lhe é complementar. Estas características, uma visual e outra táctil, que obliteram todas as restantes características da representação, iniciam aquilo que designamos por «processo global de simulação do mundo» permitindo, literalmente, através dos sistemas perceptivos humanos, recriar dispositivos exossomáticos de mediação com o mundo e, desse modo, criar e recriar, de forma quase aleatória, «novos mundos», num duplo processo de controlo, de êxtase e de produção e consumo. Concluiremos, considerando que a arquitectura apresenta já as características desses dispositivos de mediação, tornando-se, ela também, instrumento de simulação e controle. Estas ideias são apresentadas através de exemplos Arquitectónicos da história recente e terminam com o exemplo de dois gabinetes de arquitectura, o estúdio Diller Scofidio & Renfro e o de Herzog & De Meuron, que acreditamos indiciarem a absorção, por parte da Arquitectura, de um imaginário mediático de transfiguração material.

Referia, em 1936, um escritor e filósofo alemão em fuga do seu país, que «aproximar as coisas espacial e humanamente é actualmente um desejo das massas tão apaixonado como a sua tendência para a superação do carácter único de qualquer realidade (...)» (Benjamin, 1992; 81). Referimo-nos, naturalmente, ao famoso artigo de Walter Benjamin, «A obra de Arte na Era da sua reprodutibilidade Técnica», publicado, já postumamente, em 1955. A actualidade desta frase é surpreendente e simultaneamente paradoxal, se olharmos para a tendência de criação de sistemas de mediação no último século. Não previa, no entanto, W. Benjamin que não se tratava apenas de um fascínio pelo «registo da sua reprodução», mas antes um fascínio pela transparência e pela manipulação e que essa aniquilação do valor original de todas as coisas e essa busca obsessiva de «proximidade», iam no sentido de aniquilar a própria representação, substituindo-a por uma nova forma de mediação, a simulação.

De um ponto de vista da fruição, aproximar / afastando, parece ser o verdadeiro paradoxo em que vivemos nos nossos dias e esta reflexão procurará compreender como é que este paradoxo se instalou, tão enraizadamente, no nosso modo de viver.

Do ponto de vista da concepção, pensar a ideologia e o conceito do espaço ou a natureza conceptual da arquitectura, parece opor-se à experiência do espaço e à materialização sensitiva daquela experiência. Isto é, um é um sistema de relacionamento *in absentia* e o outro, um sistema de relacionamento *in presentia* o que parece provocar a impossibilidade de estar simultaneamente nas duas condições.

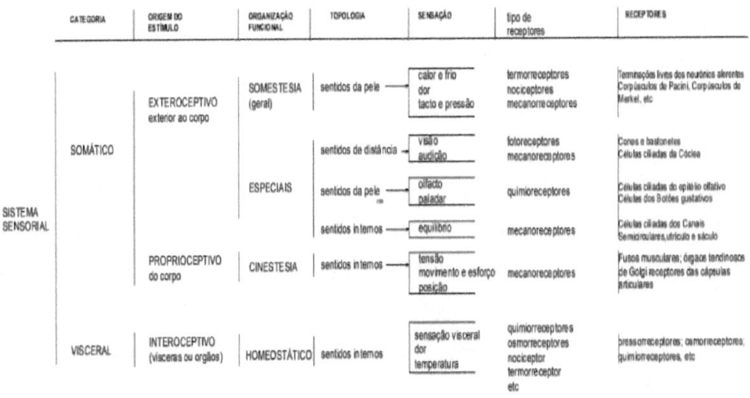

CATEGORIA	ORIGEM DO ESTÍMULO	ORGANIZAÇÃO FUNCIONAL	TOPOLOGIA	SENSAÇÃO	tipo de receptores	RECEPTORES
SISTEMA SENSORIAL						
SOMÁTICO	EXTEROCEPTIVO exterior ao corpo	SOMESTESIA (geral)	sentidos da pele	calor e frio / dor / tacto e pressão	termorreceptores / nociceptores / mecanorreceptores	Terminações livres dos neurónios aferentes / Corpúsculos de Pacini, Corpúsculos de Merkel, etc
			sentidos de distância	visão / audição	fotoreceptores / mecanoreceptores	Cones e bastonetes / Células ciliadas da Cóclea
		ESPECIAIS	sentidos da pele	olfacto / paladar	quimioreceptores	Células ciliadas do epitélio olfativo / Células dos Botões gustativos
			sentidos internos	equilíbrio	mecanoreceptores	Células ciliadas dos Canais Semicirculares, utrículo e sáculo
	PROPRIOCEPTIVO do corpo	CINESTESIA	sentidos internos	tensão / movimento e esforço / posição	mecanoreceptores	Fusos musculares; órgãos tendinosos de Golgi receptores das cápsulas articulares
VISCERAL	INTEROCEPTIVO (vísceras ou orgãos)	HOMEOSTÁTICO	sentidos internos	sensação visceral / dor / temperatura	quimiorreceptores / osmorreceptores / nociceptor / termorreceptor / etc	pressoreceptores; osmorreceptores; quimiorreceptores, etc

Fig. 1. Uma das possíveis classificações do sistema sensorial, na qual se classifica segundo o tipo ou categoria, a origem do estímulo, o tipo de organização, a topologia, as sensações, o tipo de receptores e os receptores. Fonte: Sequeira, 2009.

Estes paradoxos enraízam-se na ideia de que no «aspecto táctil [leia-se, na experiência] não há contraponto para aquilo que a contemplação [leia-se, o pensamento conceptual] proporciona no domínio visual. A recepção táctil sucede, não tanto através da atenção, como através do hábito» (Benjamin, 1955; 109)

Nota-se, assim, uma associação íntima entre o pensamento consciente e atento, mais ou menos racional, afecto aos sistemas perceptivos tipológicos de distância, como a percepção visual e auditiva (que aqui iremos designar por ocularidade) e os sistemas perceptivos tipológicos internos e da pele (aqui designados por tactilidade), que congregam os aspectos irracionais, distraídos e inconscientes. ligados à experiência vivida de proximidade.

A passagem (no sentido que lhe dá Derrida)[1] por esta separação metafísica, representa o sistema pelo qual a sociedade capitalista constrói os seus dispositivos de espectáculo (no sentido que lhe dá Debord, 1967).

O que esta abordagem propõe, é uma breve leitura histórica, na qual se acompanha o desenvolvimento e construção dos sistemas de mediação ligados à arte e que caminham, da representação para a simulação.

Quando, nos nossos dias, falamos de representação da cidade e da arquitectura, constatamos que já não é possível fazê-lo nos moldes tradicionais. Hoje, a compressão do espaço pela velocidade e a intensa produção de imagens e objectos de série, alterou por completo a forma de nos relacionarmos com a cidade e com a arquitectura, quer introduzindo redes de mobilidade que parecem ter separado, definitivamente, uns espaços dos outros, criando verdadeiros hiatos numa narrativa e desarticulando os próprios espaços do conjunto e entre si (aquilo que Mark Augé, em 1992, designava por «não-lugares» ou

---

[1] «Determinando o ser como presença (presença sob a forma de objecto ou presença a si sob a forma de consciência) a metafísica só pode tratar o signo – ou qualquer outra entidade diremos nós - como uma passagem» (Derrida, 1979, p.41). A experiência é vista como uma saída para fora de si e logo «é o caminho necessário de um retorno a si».

espaços da supermodernidade); quer criando arquitecturas que se volatilizam na sua transparência e se afirmam como suportes de expressão e comunicação, tornando-se progressivamente dispositivos mediáticos de representação e, finalmente, de simulação. Em ambos os casos, assistimos a uma progressiva passagem dos sistemas somáticos humanos, para novos sistemas exossomáticos.

A fim de tornar mais clara a nossa explanação, consideramos necessárias três definições ou redefinições:

• Sistemas de mediação: são considerados sistemas externos, produzidos como dispositivos de interface entre o ser humano e o mundo, usam a representação e tendem, historicamente, para a simulação, já que procuram constituir-se como sistemas exossomáticos completos;

• Representação: é aqui considerada, como já tivemos ocasião de referir, um meio que refere um acto de apresentar, de tornar presente e que recorre a uma figura de retórica, a *hypotyposis,* caracterizada por descrever algo de modo, mais ou menos vivido, enfatizando certos aspectos e excluindo outros. Trata-se, assim, de um meio, que tanto pode ser visto como um objecto/imagem, como pode ser visto como uma actuação ou acção. Não sendo exclusivo da ocularidade é nela que nasce, mas, progressivamente, tem sido mobilizada para a tactilidade.

• Simulação: é aqui considerada um dispositivo de mediação exossomático e que, por isso, procura congregar a tactilidade e a ocularidade, ou, se quisermos, os sistemas perceptivos de distância da ocularidade e os sistemas perceptivos internos e da pele. Difere da representação, não só na potência da sua capacidade de absorver o observador (maior autonomia e transparência do meio), como na velocidade com que passa da ausência para a presença e vice-versa. Enquanto na representação a percepção de um mundo ficcionado é estranha ao observador, na simulação, o observador está sempre imerso no próprio sistema de mediação.

2

A TACTILIDADE E A OCULARIDADE COMO DISPOSITIVOS DE MEDIAÇÃO

A representação é um meio que, tanto pode ser visto como um objecto, como pode ser visto como uma acção, mas permitindo sempre um espaço de presença do observador a si próprio. Isto é, para lá de ser um meio que enfatiza e exclui certas características do apresentado ou tornado presente, implica um acto e um processo pelo qual se torna veículo ou meio. Tem assim, todas as características de um qualquer *medium,* incluindo o facto de ter como finalidade a aproximação (através da comunicação ou expressão) de qualquer coisa ausente, mas que se quer tornar presente. A importância deste aspecto mediador, só será enfatizada socialmente, a partir do Renascimento, adquirindo, no modernismo e no consequente desenvolvimento técnico, o estatuto de objecto específico de estudo disciplinar, quer através das ciências da Comunicação, quer através das Tecnologias Digitais.

O conceito de representação, tal como se afirmou no Renascimento, parece ter-se desenvolvido durante a Idade Média de diversos modos, nomeadamente: ao nível da cidade e das acções urbanas de carácter religioso e militar, com especial

7

ênfase nas procissões e nas entradas régias na cidade; ao nível da arte, através das iluminuras, das pinturas e das esculturas de carácter normalmente, religioso; ao nível da arquitectura, através, sobretudo, dos edifícios religiosos e edifícios da classe dos nobres, como palácios, etc.

Fig.2. e 3. Em cima a Procissão da Inquisição em Goa, com Dominicanos na frente, as vítimas e os S. Beneditinos atrás. Fonte: Picart 'The Ceremonies and Religious Customs of the Idolatrous Nations'. London, 1733-38. Em baixo a Entrada Real de Henrique II de França em Rouen em 1550 (com a ilustração de uma batalha entre indios do Brasil) Fonte: Bill Marshall, Cristina Johnston, France and the Americas: culture, politics, and history Volume 3, p. 185

Constata-se também que existem, sobretudo, dois modos específicos que se procuram ou que derivam desses meios e do seu desenvolvimento durante a Idade Média. Por um lado, a procura de interagir e de absorver a atenção física do observador, por outro lado, a procura de criação de sensações de unificação visual do mundo. Esta dupla acção, que na Idade Média parece ainda inocente, está na génese daquilo que, à falta de melhores termos, podemos designar por sistemas tácteis (*interactividade* ou *imersão espacial activa do corpo*) e por sistemas visuais (*transparência e luz*). Conceitos estes que pela sua ininterrupta enfase irão iniciar um processo de síntese global que levará séculos e no qual hoje vivemos.

Na Idade Média assistimos a dois momentos históricos que marcam dois estilos e duas proveniências geográficas.

No séc. XI, verificamos um incremento da abstracção sagrada, em oposição a um certo realismo ou naturalismo romanos. A representação perde os seus aspectos mais naturalistas clássicos, para se tornar mais icónica e abstracta, revelando um certo carácter teatral. Este processo resulta, no entanto, numa maior unidade entre corpos e espaço, conseguida, quer através de padrões geométricos, quer através de espaços delimitados estereotómicamente, quer ainda, através da semelhança formal ou mesmo da contiguidade material.

Numa segunda fase, no séc. XII, regressou-se a uma representação mais naturalista e orgânica das formas, permitindo que os corpos assumissem maior independência relativamente ao espaço. O debate entre o Abade Suger e S. Bernardo, descrito por Panofsky (1951), é bem ilustrativo desta mudança. A exaltação da luz (*lux nova*) como elemento unificador e representação de Deus na terra, irá transformar por completo a arquitectura de S. Denis, pois agora, a vontade religiosa recai em novos meios de unir, não através da materialidade dos corpos, mas através da luz da razão divina. O que, na verdade, não é um salto de gigante, dada a continuidade que existe entre os padróes geométricos e a luz, ambos elementos da ocularidade e da mente. No entanto, ao nível Arquitectónico representa uma grande alteração, pois doravante, a Igreja abre-se para o exterior com grandes vãos coloridos, obrigando a um cuidado estrutural bem diferente do sistema românico anterior. No exterior das catedrais, as esculturas libertam-se, projectando-se das massas e libertando-as simultaneamente para uma função estrutural ou funcional. Como escrevia o Abade Suger de S. Denis, «para mim, esta pedra ou aquele pedaço de madeira é uma luz ...Pois percebo que é bom e bonito: que existe segundo as suas próprias regras de proporção: que difere em género e espécie dos outros géneros e espécies: que é definido pelo seu número, em virtude do qual é 'uma' coisa: que não transgride a sua ordem: que procura o seu lugar de acordo com sua gravidade específica» (Panofsky, 1971; 171). Para além de ficar relativamente claro que o tratado de Vitruvio[2] não lhe era desconhecido, pois menciona todos os operadores de concepção enunciados pelo Arquitecto, assistimos a mais um aspecto que difere do românico, a saber, a representação da procura de uma «ascensão do mundo material para o imaterial» (ibdem).

Estas duas correntes de pensamento, pesem embora as suas diferentes origens geográficas e temporais, tenderão a manifestar-se conjuntamente, resultado dos movimentos populacionais que dão forma à Idade Média (Zumthor, 1994). O

---

[2] Tratadista e arquitecto Romano, que terá escrito um tratado entre 35 e 25 a.C. Sendo este tratado o De Architectura que foi inumeras vezes traduzido no Renascimento e servio de base a todos os tratadistas futuros. Sabemos que durante a Idade Média terá sido inumeras vezes copiados por escribas, estando a Abadia de Cluny entre esses *scriptoriums*.

movimento dos viajantes medievais, a par destes diferentes modos de ver o Mundo, será responsável pelo início de uma inversão da relação entre espaço e tempo. Como refere Zumthor (1994; 15) «(...) el hombre de las primeras edades media el espacio por medio del tiempo, cuando su descendiente moderno mide el tiempo gracias al espacio. (...) sobre este aspecto – y asi lo creo – hubo una inversión del punto de vista, se produjo, poco a poco durante la era de nuestra Edad Media».

Fig.4 e 5. Igreja Românica de Cedofeita séc. XI e XII. Fonte: Light [Luz], 2020. Mosteiro de Alcobaça (primeira Igreja plenamente gótica em Portugal) 1252. Fonte: Sequeira, 2020

Sómente no Renascimento e apenas embrionariamente nos renascimentos intermédios (Panosfky, 1981), este movimento parece querer assumir uma conclusão e uma síntese dos sistemas de representação até aí usados.

Aparentemente, tratar-se-ia de um renascimento dos valores e sistemas de representação clássicos ou greco-romanos, mas a verdade é que não existe renascimento em termos históricos. Pois renascer significa a emergência de uma identidade que, para todos os efeitos, se mantém inalterada relativamente à sua vida anterior. Na verdade, foi sempre um termo de conveniência da Igreja Cristã, dada a sua semelhança semântica com a Ressurreição e nesse sentido, não é fantasiosa e acaba por explicar a aceitação dessas técnicas e desses «fragmentos do mundo clássico» por parte do cléro desse período (Tafuri, 1979: 37). Tratava-se de visualizar a possibilidade do renascer/ressurgir, de dar a ver a prova directa, de que após o juízo final, também os homens (os cristãos) iriam renascer na «Cidade de Deus».

Pela primeira vez na história da humanidade, se assume a possibilidade de uma reversibilidade do tempo histórico, quer através do uso absurdo e descontextualizado de uma linguagem arquitectónica retirada da Antiguidade Clássica, como através da reinterpretação e adaptação dos textos pagãos, clássicos, à ideologia religiosa Cristã. Mas, esse fenómeno, só é possível depois de um longo e laborioso trabalho de abstracção realizado na Idade Média.

A apresentação e a representação do poder divino e do poder secular na cidade medieval, anterior ao Renascimento, manifestam-se tanto nos ícones arquitectónicos da Igreja e do Castelo, como na necessidade de percorrer a cidade, num efectivo acto de apropriação do espaço-tempo e do povo. Os signos desta época, apresentam ainda um caracter simbólico e quando não se enraízam em arquétipos psicológicos (Durand, 1989), são impostos e marcados no corpo daqueles que não os respeitam.

O Renascimento, com a «transladação» da iconografia do passado clássico, vem alterar substancialmente este panorama de continuidade sanguínea e simbólica, já que as novas classes em ascensão adquirem os símbolos de modo artificial, através da riqueza adquirida no comércio. A necessidade do naturalismo na representação prende-se, exactamente, com a necessidade de naturalizar os símbolos «artificiosamente» adquiridos e ao fazê-lo, alteram também os próprios símbolos, que deixam de ser tão místicos como era na heráldica medieval.

Na arquitectura, a Igreja foi um verdadeiro laboratório de imersão experimental, onde os sistemas de representação concorrem para se misturar com o espaço vivido. Quer através dos frescos, dos vitrais coloridos e figurativos e das esculturas - que de uma situação de baixo-relevo decorativo se vão, progressivamente, separando das paredes, misturando aspectos bidimensionais com a sua própria emergência no espaço da Igreja. Tudo concorre para um apelo à imersão ou submersão dos fiéis no ensinamento cristão. As próprias iluminuras medievais, ao misturarem o desenho decorativo com o texto escrito, começam a mostrar a existência de um fascínio pelo detalhe, pela imagem decorativa e, sobretudo, por essa mistura de técnicas de representação, que está na base da tactilidade e da presença do corpo.

Mas o que nos interessa salientar, é esta primeira assimilação/adição das diversas técnicas de representação, esta apropriação exclusiva dos meios por uma ideologia religiosa ou místico-filosófica que, deste modo, procura organizar o mundo através daqueles.

A arquitectura serviu aqui o seu principal papel, o de espaço laboratorial de síntese de meios de representação diferenciados, papel que terá o seu apogeu no Barroco, onde a representação pictórica, cenográfica e escultórica se desenvolve e prolifera, de tal modo, que no Rocaille chega a obliterar a própria estrutura arquitectónica.

A cidade medieval é fascinante porque a própria ideia histórica que a concebe é uma ideia de absorção/adição. Integrando todos os corpos, de modo grotesco na maioria dos casos e, noutros, através de composições de hierarquia compositiva simples e simbólica (e por isso de ligação forte). Hoje, a cidade e a arquitectura medievais (seja românica ou gótica) exercem sobre nós o fascínio de um tempo, em que cada coisa tinha um lugar próprio, segundo uma ligação ou uma relação que, tanto obedecia a uma simbólica própria, como a um sistema aditivo e de acumulação, gerado em volta de percursos orgânicos.

Fig. 6. Cidade medieval de Luca em Itália, absorção do anterior anfiteatro romano. Fonte: CaminoWays.com

O Renascimento virá iniciar a primeira grande síntese através de uma nova tecnologia de representação, pela introdução de uma ideia de sistema, isto é, de algo cuja lógica permite a generalização e, sobretudo, uma produção que tende a anular todas as contingências. Este novo sistema é, o que até aí parecia impossível de fazer, a união da matemática e dos corpos. Se no românico assistimos à emergência das relações geométrico- -abstractas entre os corpos e, no gótico, a uma tendência que liberta os volumes dos corpos da estrutura, permitindo a sua imersão no espaço real[3], cabe ao Renascimento criar uma

---

[3] De modo muito sumário, pois não é este o lugar aproprioado para esse estudo, poderíamos dizer que a escultura e a arquitectura, artes do espaço

síntese na qual os corpos são libertados, para se integrarem numa geometria de quantidades.

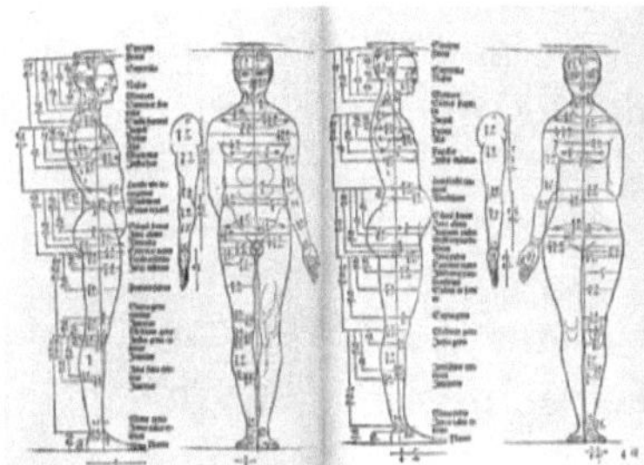

Fig.7. Estudos de Albrecht Dürer sobre a proporção humana (spread 63) e máquina perspéctica (spread 177) do seu tratado de 1538 «De Symmetria and Underweysung der Messung» Nuremberg: The Warnock Library.
Fonte: http://www.rarebookroom.org/Control/duruwm/ (acedido em Setembro de 2014).

A pintura é a primeira e a mais explicita arte a conseguir realizar esta síntese, através da «*perspectiva artificialis*» que, tal como Dürer refere, «perspectiva é uma palavra latina que significa ver através de[4]». Este método matemático, não só calcula as distâncias, como o dimensionamento dos corpos segundo aquela, isto é, cria o primeiro método objectivo de mediação ocular. A influência que este mecanismo de mediação, ainda manual, mas apontando já para uma reprodução

real, são talvez as que melhor transmitem a dualidade que será síntetizada no Renascimento. Por um lado, verificamos que as esculturas românicas são em geral geometrizadas e embutidas nas estruturas servindo a decoração geometrizada como ligação enquanto no gótico as esculturas se apresentam destacadas e libertas projectando se das paredes individualizando-se. Na arquitectura romanica a ligação à envolvente através do material construtivo, a estática é formalizada nas grandes massas de pedra perfeitamente geometrizadas e cortadas e o espaço tem sobretudo características estereotómicas. Na arquitectura gótica o movimento é acentuadamente vertical procurando quase uma separação da envolvente imediata, enquanto a estrutura se torna mais leve e orgânica criando assim um espaço de características tectónicas.

[4] Citado por Panofsky em «Perspectiva como forma simbólica».

mecânica, teve na representação, foi o de permitir torná-la mais próxima do observador. Isto é, a produção da imagem apresenta já sérias semelhanças com a mecânica óptica humana, prescindindo unicamente do sistema estereoscópico, mas apontando todos os restantes indícios de reconhecimento da profundidade. O efeito é uma capacidade de sedução e absorção do observador, nunca antes vista.

Doravante, todos os meios de representação procuram esta ligação entre o observador e o observado, assim como percebem que existem dois meios para conseguir essa finalidade, por um lado, através do controle das distâncias - criando a ilusão de imersão da parte do observador – por outro, através da *imitatio* – criando a ilusão de uma transparência entre real e ficção. A possibilidade de representar, simultaneamente, o espaço no sentido Arquitectónico ou corporal, isto é, em profundidade e, a capacidade de representar de forma muito naturalista, é uma das mais importantes conquistas da pintura renascentista.

Podemos dizer, de modo mais sucinto e simplificado, que a reconquista da unidade, apregoada tanto por S. Bernardo, como pelo Abade Suger, consegue-se no Renascimento, quer através da geometria e da medida - criando pela primeira vez um sistema mediador, a perspectiva – quer através da ideia da luz, como reveladora e libertadora dos corpos. É assim que, simultaneamente, nasce o fascínio pela transparência e a sedução da apropriação dos objectos e dos corpos, como entidades, agora libertas pela luz anagógica.

Estavam criadas as bases para a revolução de todos os sistemas de representação, agora como sistemas de absorção táctil e transparência ocular.

3

OS MEIOS DA TRANSPARÊNCIA OCULAR E DA INTERACÇÃO TÁCTIL

A introdução de um sistema de representação, capaz de apresentar o mundo, dando-lhe uma unidade, implica, não apenas um sistema geométrico-matemático, mas também uma representação realista do espaço, para lá da superfície da tela. Tal como refere Alberti (1999; 55), «na superfície na qual eu vou pintar, desenho um rectângulo de qualquer dimensão, o qual olho como uma janela aberta através da qual o objecto que irei pintar é visto». Mas, para que esse realismo se torna transparência, a perspectiva tem que ser a primeira técnica que se oculta a si própria. O preço da transparência foi, neste primeiro momento, o da simultânea obliteração do próprio meio e do seu suporte. Isto é, o artista tem que apagar as pinceladas, procurando fazer desaparecer o próprio acto de pintar e, complementarmente, o seu suporte[5]. Apagar a superfície,

---

[5] Sobre este aspecto as técnicas clássicas da pintura a óleo são muito elucidativas. Identificámos oito fases, não necessariamente sequênciais, a saber: abbozzo (esboço); imprimatura (campitura); sottostrato delle ombre (camada de sombras); sottostrato morto (grisaille); velatture di colore; strato di colore (camada de cor); lumeggiatura (brilhos); verniciatura (verniz). Todos

17

escondendo e negando o processo pictórico em favor de um produto perfeito, torna-se uma obsessão que culmina na escola Flamenga.

Fig.8. Andrea Palladio - Teatro Olímpico de Vicenza (1580-1585) e cena, em *trompe-l'oeil*. desenhada por Vincenzo Scamozzi. Fonte: Encyclopaedia Britannica

Esta continuidade, entre o representado e o espaço real do observador, é particularmente nítida nos primórdios da arte de *trompe-l'oeil*, onde a pintura de frescos é aplicada na arquitectura, procurando falsificar os próprios espaços. Ou, inversamente, na cenografia de teatros, em que os objectos são redimensionados em perspectiva, para aumentarem a profundidade, dando continuidade á obliteração do suporte, que já havíamos visto na pintura a óleo.

---

concorrendo para uma sistematização e para uma «velatura» do próprio artista.

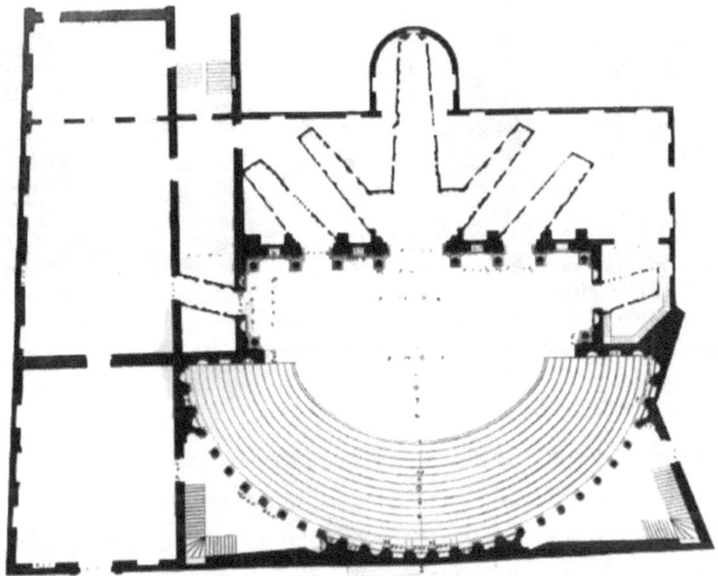

Fig.9 Desenho da planta do Teatro Olímpico de Andrea Palladio. Fonte: Ottavio Bertotti Scamozzi (1776)

Fig.10. Frescos de Baldassare Peruzzi, «Sala delle Prospettive», no andar superior da Villa Farnesina 1515. Fonte: Web Gallery of Art.

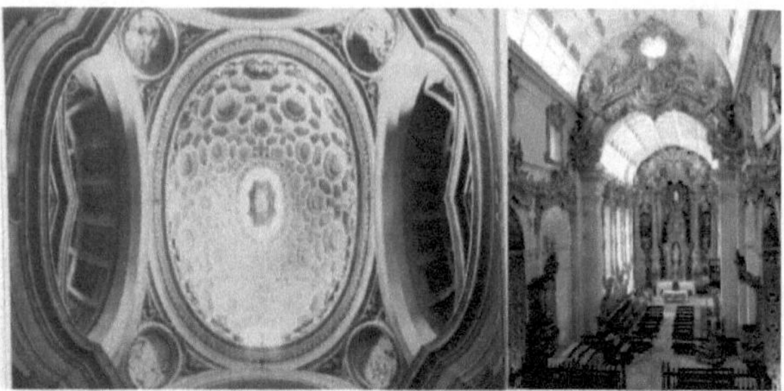

Fig. 11, 12 e 13. Alguns exemplos do Barroco. Borromini (túmulo do Cardeal Giussano em S. João de Latrão de 1650 e interior de S. Carlo alle Quattro Fontane de 1635); André Soares e José Álvares de Araújo (retábulo do Mosteiro de São Martinho de Tibães séc. XVII). Fonte: autor.

Mas, a par deste fascínio pela transparência e pela contrafacção do mundo, típico da Igreja Romana, desenvolve-se um processo herdado da Idade Média: a absorção por adição de todos os corpos. Processo este, cuja tactilidade desenvolve a interactividade ao nível do próprio corpo. Este processo faz-se baseado em ideias como as de sistema, centralização, extensão e movimento, ao que se deve acrescentar expanção (Norbert-Schulz, 1979).

O Barroco é, sem dúvida, um dos maiores movimentos de desenvolvimento da interactividade táctil, onde, a interpenetração dos espaços se desenvolve a par da interpenetração dos corpos, e do mesmo modo, a interpenetração do espaço interior e do espaço exterior, se desenvolve a par da interprenetração do espaço real e do espaço representado. Sendo o *trompe-l'oeil* o apex da necessidade de criar a intermutação dos meios, cabe-lhe aproximar o espaço real do espaço representado.

Os quadros de Velasques, de Parmigianino ou de Jean Van Eyck apresentam a capacidade de criar pinturas dentro de pinturas, de quebrar os limites entre o espaço pictórico e o espaço real, de criar, simultaneamente, através de espelhos, espaços diferenciados. As próprias distorções pictóricas, quando usadas em simultaneidade com perspectivas rigorosas, são exemplo de um fascínio pela interactividade.

A igreja San Carlo alle Quattro Fontane, de Borromini, mistura espaços cenográficos provenientes do teatro com fragmentos classicizantes retirados da história e, debruçando-se sobre si própria, cria distorções perspecticas, que exibem «a sua estrutura, como instrumento renovado de comunicação», numa síntese espacial unificadora, mas que não «poderá deixar de tender para uma polivalência e uma co-presença de significados» (Tafuri, 1979, 43).

Em resumo, todos os exemplos barrocos implicam, de modo puramente mental ou visual, mas também de modo físico, um movimento da observação e, por isso, são já o embrião da interactividade que hoje conhecemos.

4
O LIMIAR DA MODERNIDADE

Nos finais do século XVIII e inícios do século XIX, assistimos a uma proliferação de aparelhos de visão fascinados pela potencialidade cinemática, são eles: os taumatrópios[6], os fenacistoscópios[7], os zootropos[8], os praxinoscópios[9], os dioramas[10], os estereoscópios[11], etc., todos dispositivos que apresentam múltiplas imagens, imagens em movimento e mesmo observadores em movimento, indiciando um outro

---

[6] Criado por John Ayron, em 1827. Consiste num disco com uma imagem diferente em cada lado e um cordel em duas extremidades.

[7] Inventado por Joseph Plateau para demostrar a sua teoria da persistência na retina, em 1829. Consiste em vários desenhos de um mesmo objeto, em posições ligeiramente diferentes, distribuídos por uma placa circular lisa. Quando essa placa gira em frente a um espelho, cria-se a ilusão de uma imagem em movimento.

[8] Criada em 1834 por William George Horner, composta por um tambor circular com uns cortes, através dos quais o espectador olha, observado que os desenhos dispostos em tiras sobre o tambor, ao girar, parecem imbuídos de movimento próprio.

[9] Inventado pelo francês Émile Reynaud (1877). Projeta na tela imagens desenhadas sobre fitas transparentes.

[10] Encenações de ambientes onde se usa uma tela de fundo curvo, de tal maneira, que simulam um contorno real.

[11] Instrumento destinado ao exame de pares de fotografias ou imagens vistas de pontos diferentes, resultando numa impressão mental de uma visão tridimensional.

sistema que permita intensificar a interactividade e o movimento.

Fig.14 e 15. Imagem de um praxinoscópio. Fonte: Le clowns et ses chians. Publicidade moderna ao estereoscópio. Font: open access

O importante é verificarmos que a mudança de século trouxe consigo a introdução do corpo para o sistema ocular. A articulação da visão subjectiva, no início do século XIX, é parte da mudança que Foucault designou como «o limiar da nossa modernidade». Quando a câmara-escura era o modelo dominante de observação, era «uma forma de representação que tornava o conhecimento em geral possível». Mas, como refere Crary, na sua obra «*Technics of the observer*» (1988), citando Foucault, no início do séc. XIX «o lugar de análise já não é representação mas o homem na sua finitude... [Constatou-se] que o conhecimento tem condições anatómicas e fisiológicas, que é formado gradualmente dentro de estruturas do corpo, que pode ter um lugar privilegiado nele, mas que as suas formas não podem ser dissociadas do seu funcionamento peculiar; em resumo, que existe uma natureza do conhecimento humano que determina as suas formas e ao mesmo tempo pode ser-lhe manifesta nos seus próprios conteúdos empíricos»[12].

---

[12] O original é o seguinte «the site of analysis is no longer representation but man in his finitude. (...) [It was found] that knowledge has anatomic-physiological conditions, that it is formed gradually within the structures of the

Este mútuo contágio entre dispositivos de ocularidade e corpo do observador, é também assinalada por Crary que refere que, «although 'set to work' may sound inappropriate in a discussion of optical devices, the apparently passive observers of the stereoscope and phenakistiscope were, in fact, made into producers, by virtue of specific physical capacities, of forms of verisimilitude. The optical experiences they manufacture are clearly disjoint from the images used in the device. They refer as much to the functional interaction of body and machine as they do to external objects, no matter how 'vivid' the quality of the illusion» (Drary, 1988; 33).

A multiplicação social das imagens, denunciada por muitos iconoclastas, está, em primeiro lugar, relacionada com o fenómeno mais abrangente daquilo que ficou conhecido como Revolução Industrial, nomeadamente, o fenómeno da reprodutibilidade que a inovação tecnológica veio permitir e cujo resultado mais evidente foi a alteração definitiva de todo o espectro de actividade humana, desde a guerra até à arte.

Entre as inovações que se inserem dentro da lógica industrial, o aparecimento da fotografia, em meados do século XIX e, posteriormente, já em finais desse século, a inserção da imagem em movimento, com o cinema, serão, inquestionavelmente, aquelas que tiveram um impacto mais profundo, tanto na produção, como na recepção do objecto visual, artístico e social. Como constatámos, a invenção destes dispositivos exossomáticos, enquadra-se numa longa tradição de investigações técnicas, científicas e teóricas, em torno dos fenómenos ópticos e oculares.

---

body, that it may have a privileged place within it, but that its forms cannot be dissociated from its peculiar functioning; in short, that there is a nature of human knowledge that determines its forms and that at the same time can be manifest to it in its own empirical contents» (Foucault, 1970; 319).

A fotografia, que pode ser vista como o corolário desse ímpeto de investigação mecânico-óptica, corresponde a uma imitação do funcionamento do aparelho visual humano e é caracterizada como eminentemente mecanicista ou retino-passiva.

A fotografia foi vista, durante muito tempo, como a perfeição da perspectiva linear. Sendo um processo mecânico e químico, a fotografia tem a vantagem de, não só ocultar o processo, como o artista. Ela é um meio transparente, pois, não só retira o autor/produtor, como a sua própria aparelhagem e meio de produção, de entre o observador e a cena apresentada ou o objecto produzido.

Na fotografia, o processo criativo é holistico, sem uma clara definição de partes ou fases na construção da imagem, apenas temos as fases mecanicas de registo, revelação, ampliação e fixação, sendo quase um processo em que a magia da genialidade passa para a aparelhagem técnica: primeiro, a captura da imagem pelo obturador e pelo diafragma, que permite a inscrição da luz numa película fotosensível; depois, esta película é revelada em tanque herméticamente fechado, através de processos químicos que passam pela revelação e fixação; segue-se a inversão e ampliação da imagem, na qual é usado um ampliador que projecta a imagem sobre um papel fotosensível; finalmente, tem lugar a revelação e fixação por processos químicos, da imagem em positivo (papel). Na fotografia, é o processo técnico e químico que é mágico. Ao contrário, na pintura, a magia está no processo pelo qual o artista revela o mundo. Na fotografia, a captura do mundo é dada num só gesto mínimo (o obturador), cabendo a complexidade ao dispositivo técnico de captura da imagem. É como se tivesse acontecido uma inversão temporal do processo pictórico. Com a fotografia, o mundo é revelado pela técnica e já não pela habilidade do artista.

É fácil perceber como um *medium,* com a capacidade de captar instantaneamente (e de fixar) uma enorme quantidade de informação visual, superando os órgãos responsáveis pela visão humana (tanto em termos da quantidade de captação como de registo e retenção das imagens), tem o efeito de descredibilizar a confiança no «olho nu», demonstrando a sua falibilidade. A fotografia, não só desfaz alguns «erros» da visão, como serve para revelar aspectos, até então «desconhecidos ou escondidos» da nossa realidade visual, factor magistralmente representado no filme de Michelangelo Antonioni, *Blow-Up.*

Ao instaurar uma realidade, «mais real do que o real», a fotografia engendra uma natural desconfiança na objectividade «natural» da visão humana e cria, assim, a sua própria necessidade social.

Literalmente, o significado da palavra «fotografia» é, «escrever com a luz» ou «a escrita da luz», este último é talvez mais interessante porque não empresta nenhuma intencionalidade àquele que fotografa, mas sim, à luz que toma um sentido quase anímico de autor. É a luz que escreve, que recorre à sua materialização gráfica, através da energia que activa processos químicos. Por outro lado, a primeira definição coloca-a como verbo ou como meio - instrumento ou acção cuja autoria é remetida para o anonimato abstracto de um autor que define a sua intensionalidade apenas pelo menor denominador, o da sua presença frente ao objecto.

A fotografia introduz uma alteração radical no processo de produção das imagens e na construção de referentes imagéticos ou icónicos. A «responsabilidade», leia-se, o controle do processo de produção, passou da mão para um aparelho óptico, criando uma maior abstracção nos processos de produção e, simultaneamente, uma maior tactilidade nos processos de recepção e, tais aspectos, têm algumas repercussões:

- introduzem uma maior distância entre os sistemas de produção e o modo de apropriação dos seus produtos, acentuando um processo de alienação do medium, no qual, à abstracção produtiva de uma hipermediação (Bolter et all.; 2000), se desenvolve, paradoxalmente, uma imediatez ou transparência na recepção do Mundo;

- «Fazer as coisas 'ficarem mais próximas' é uma preocupação, tão apaixonada, das massas modernas, como sua tendência a superar o carácter único de todos os factos, através da sua reprodutibilidade» (Benjamin; 1916; 170). Esta necessidade de transparência e proximidade, «de possuir o objecto, de tão perto quanto possível», que hoje recebe o nome de simulação, é também a destruição da «aura» do referente, pela sua sobreexposição pornográfica.

Simultaneamente, na fotografia, mas também noutros processos de mediação, assistimos a um fechamento tecnológico dos sistemas abstractos de produção, isto é, se os processos iniciais de produção ainda contemplavam a consciência de uma «alquimía» mecânica e química, por parte do produtor/fotógrafo, hoje estes mesmos processos de produção, fecham-se em subsistemas tecnológicos digitais, que se tornam, progressivamente, em pequenas «caixas negras», onde o processo de produção assume, cada vez mais, uma qualidade manipulatória de entidades abstractas e quase mágicas. (Sequeira, 2017).

A natureza do cinema é mais complexa, dado que no cinema não estamos perante uma imagem estática mas dinâmica. A imagem que nele se forma é o resultado de múltiplas imagens colocadas linearmente em fotogramas, com uma velocidade de 24 fotogramas por segundo (30/s na TV). No entanto, não deixa de pertencer aos dispositivos exossomáticos, que temos vindo a referir, mas agora é o movimento que se pretende representar. Enquanto na fotografia e na pintura podemos falar de observador, no cinema estamos perante um espectador, isto é, aquele que está perante um espectáculo, tal como verificamos com o teatro, mas agora de forma mecânica.

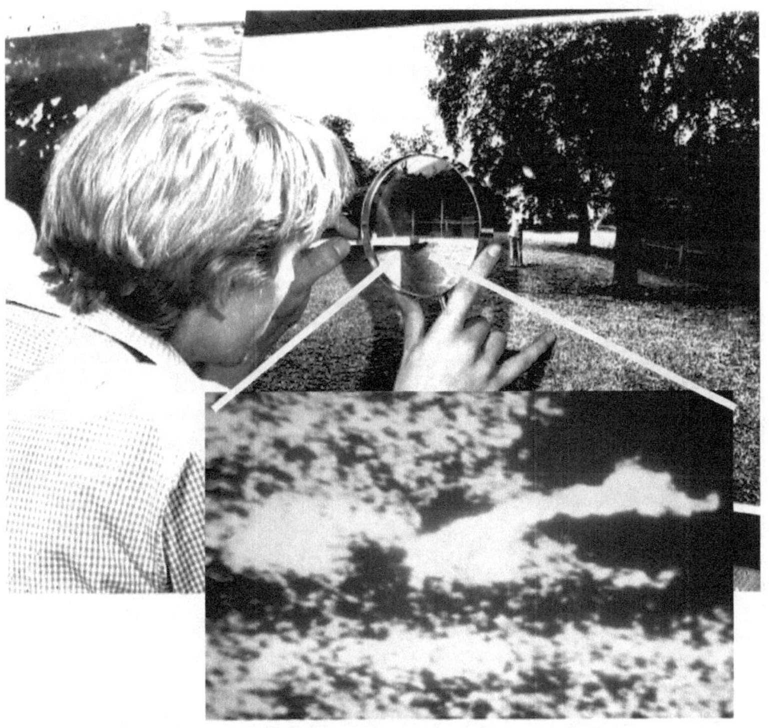

Fig.16 e 17. Cenas do filme *Blow-Up* (1966) de Michelangelo Antonioni. A investigação do registo e a descoberta do crime através dos indícios do corpo.

No cinema «a apreensão de cada uma das imagens parece ser determinada pela sequência de todas as anteriores» (Benjamin, 1992; 88), descrição que nos parece bastante analítica, mas que, exactamente porque o cinema é um dispositivo de produção de movimento nos parece carecer dos seus efeitos. Descrever o cinema como fotografia animada seria mais apropriado, pois como já vimos, a sua base são fotogramas, isto é, imagens fotográficas, colocadas numa sequência linear, a uma velocidade (24/s) determinada pelo meio de registo. Mas isto, na verdade, pouco nos diz sobre o cinema.

Dado que o movimento é uma sensação holística, não repartível por este ou aquele sistema de receptores, a nossa tendência é a de definir o cinema com base na imagem, mas na verdade, o cinema só deveria ser descrito como registo de *movimento aparente*. Isto porque, para lá da metafísica hegeliana baseada na presença, o cinema é, exactamente o dispositivo que gera uma presença baseada numa consecutiva ausência.

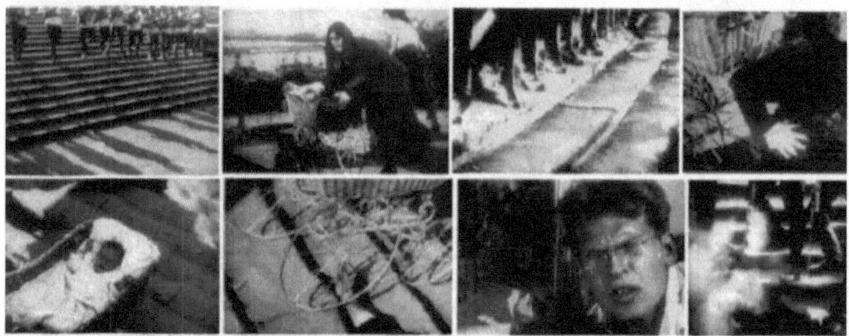

Fig.18 Sergei Eisenstein (1925) Escadarias de Odessa, sequência do filme *O Couraçado de Potemkin*. Fonte: Eisenstein.

Na percepção humana, o movimento ocupa um capítulo em separado de todas as restantes formas de percepção, pois não só usa os sentidos de distância como o olho e o ouvido, como os sentidos proprioceptivos (nos quais se encontra o ouvido interno) e cinestésicos. Ora, o que o cinema faz, é substituir a propriocepção e a cinestesia pelos movimentos de translação da câmara, pelo movimento de zoom — aproximação e distânciamento — e pela montagem (cortes). Os enquadramentos, a luz, o som, etc. são aspectos visuais e auditivos que concorrem para a percepção do movimento. Pelas suas características técnicas, o cinema é o único dispositivo exossomático capaz de simular a transparência com a interacção, a ocularidade com a tactilidade e a presença com a ausência, tendo, por isso, como limite, a capacidade para manter a suspensão da descrença, isto é, a absorção e projecção do espectador no próprio dispositivo de mediação.

A percepção não é um sistema passivo e reactivo, mas um sistema activo na sua própria natureza. Cada vez que o cérebro se compromete numa acção, ele avança hipóteses sobre o estado dos receptores necessários para o desenvolvimento da mesma. Agrupa os receptores em «configurações» e faz verificações a essas configurações, ao mesmo tempo que o movimento é configurado, usando a memória[13] para prever as consequências da acção. Ora, estes estudos também determinam que as mesmas estruturas – mecanismos neuronais e modelos internos - são activadas, quer o movimento seja realizado pelo organismo, quer seja apenas imaginado. O cérebro funcionaria assim, não só como um simulador das acções, mas também como um emulador da realidade, onde as decisões advêm das emoções registadas nos *marcadores somáticos* que Damásio (1995) tão bem descreve (Sequeira, 2009).

O cinema é, por isso, o primeiro dispositivo de mediação no qual o movimento é simulado, quer através de métodos capazes de criar configurações neurais e de modelos internos, mas

---

[13] A Memória episódica e a memória de trabalho permitem ao cérebro conservar os traços de eventos recentes que combinam sinais motores ou sensoriais ou que representam o procedimento necessário para realizar um gesto ou esperar um resultado.

também de emoções, através da predisposição para estados emocionais – tendências, apetites, necessidades, desejos, etc.

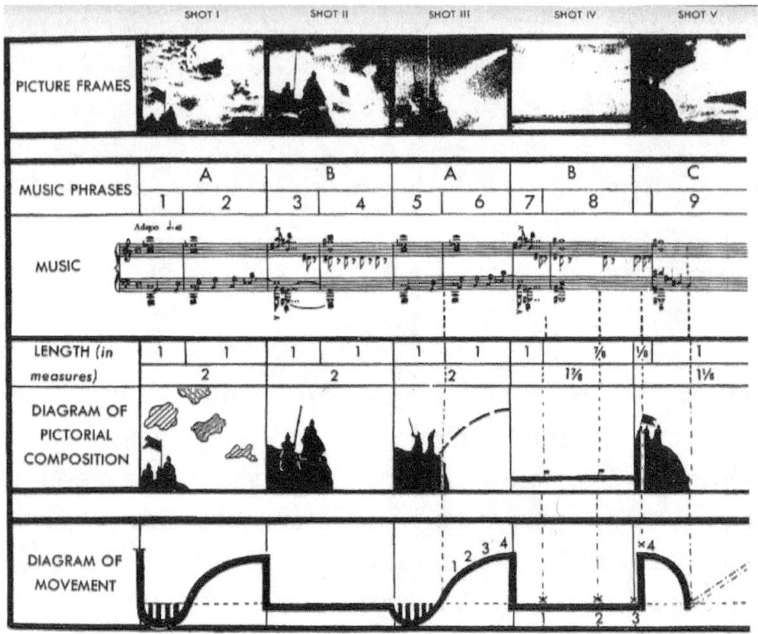

Fig.19 Sergei Eisenstein (1938) diagrama da montagem do filme Alexander Nevsky com as correspondências entre as frames, a música, as medidas de tempo, as frases e os movimentos. Fonte: Eisenstein.

Há, no entanto, um aspecto que ainda não foi mencionado, apesar de toda a imaginação do movimento, activar as configurações fisiológicas necessárias ao movimento real, o espectador de cinema não age fisicamente, nem tão pouco tem poder de decisão sobre as acções que se desenrolam na sua frente e, por isso, o processo de conciliação entre a transparência com a interacção, a ocularidade com a tactilidade e a presença com a ausência, nunca é equilibrado, nem se confunde com o movimento real, como é o caso do movimento arquitectónico.

Numa aproximação externa à Arquitectura, Eisenstein (1938), comenta a descrição do historiador August Choisy (1899; 415), sobre a Acrópole de Atenas, como se de uma montagem cinematográfica se tratasse, pensando depois a conjugação das mesmas temporalmente e montando a sequência cinematográfica.

A montagem dialéctica de Eisenstein pode, assim, ser olhada como base conceptual para a concepção arquitectónica. Eisenstein usa cinco formas de montagem: a Métrica, a Rítmica, a Tonal, a Associativa e a Intelectual. Na montagem métrica, o critério fundamental é o comprimento dos fragmentos, aqui é sobretudo o compasso criado pela proporcionalidade desses comprimentos que é determinante, podendo tender para aumentar a tensão da cena, caso os fragmentos sejam mais curtos do que o necessário para a captura da informação; a montagem rítmica, implica considerar dois tipos de movimentos, o dos cortes da montagem e o movimento dentro dos planos, trata-se assim, de uma relação de duração entre aqueles dois movimentos; a montagem tonal, baseia-se no som emocional característico do fragmento dominante; a montagem harmónica ou associativa, é o desenvolvimento da montagem tonal, calculando, em conjunto, o que cada fragmento requer; a montagem intelectual, é a inserção de ideias nas sequências, com carga emocional (Canelas, sd).

Bernard Tschumi usa metáforas cinematográficas como operadores de concepção arquitectónica. O espaço, o evento e o movimento, são conceitos com uma analogia ao cinema. Nas suas anotações, considera que a concepção arquitectónica pode partilhar a concepção usada pelas técnicas cinematográficas, por exemplo, partilha uma mesma técnica de *frame-by-frame*. Isolando pequenos pedaços de acção em ambos, considera que os espaços não são apenas compostos, mas também desenvolvidos disparo-a-disparo, de tal modo que, o sentido final de cada disparo depende do seu contexto.

O próprio processo de disjunção/justaposição, usado para o projecto do Parque de La Villette, implica um certo tipo de montagem, onde cada *layer* pode ter sido a metáfora de um fragmento ou de uma cena (Tschumi, 1994).

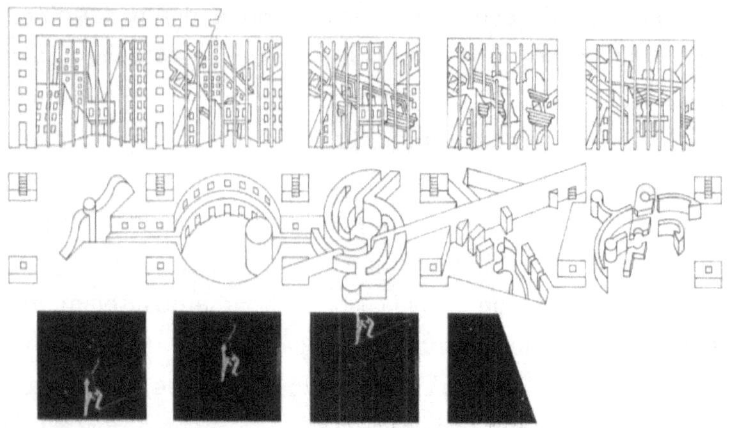

Fig.20 Bernard Tschumi (1981) diagramas MT4 The Block, retirado «The Manhattan Transcripts« London: Academy Editions, p.53

Anthony Vidler, refere que o diálogo entre a arquitectura e o cinema é a arte dos blocos de movimento-tempo e apresenta a designação de *cineplastics*, parafraseando Elie Faure (1922), para quem o cinema «is first of all plastic. It represents, in some way, an architecture in movement that should be in constant accord, in dynamically pursued equilibrium, with the setting and the landscapes within which it rises and falls. The 'hitherto unknown plastic pleasures' thereby discovered would finally create, a new kind of architectural space, akin to that imaginary space 'within the walls of the brain'».

Naturalmente, isto não significa que não se possa produzir cinema, exactamente enfatizando a capacidade crítica do espectador, como é o caso dos documentários e outros filmes de vanguarda, que procuram a desconstrução dos pressupostos de simulação do cinema.

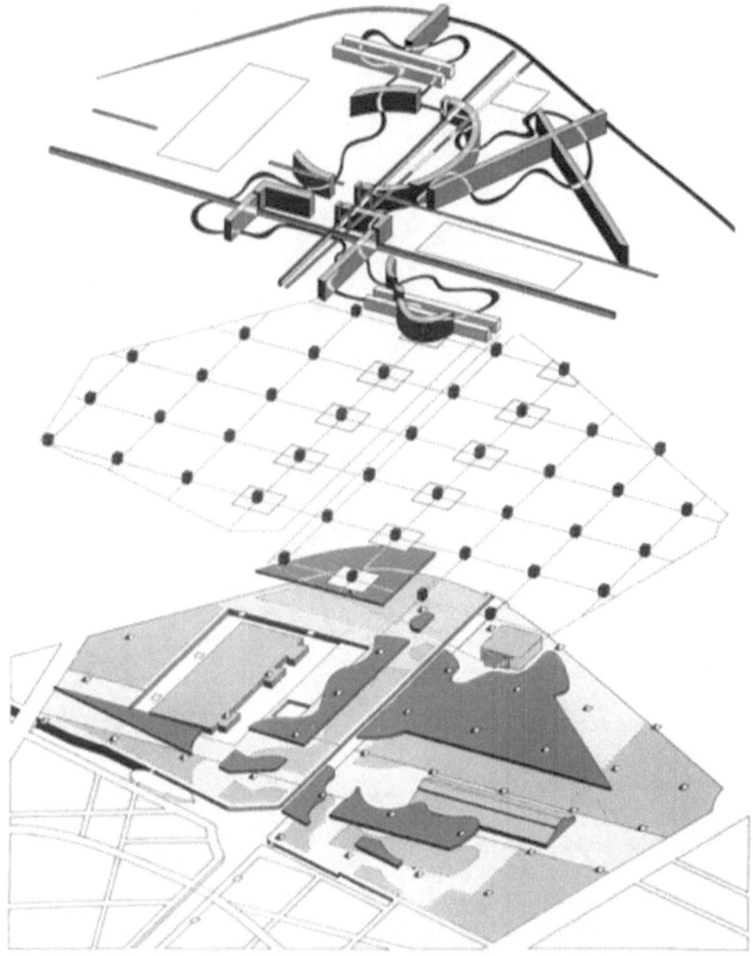

Fig.21 Bernard Tschumi (1982) diagrama programático para o Parc de la Villette, usando o método da disjunção/sobreposição. Fonte: Bernard Tschumi Architects.

No entanto, como dispositivo, ele já não é um dispositivo de representação, mas de simulação, sobretudo quando vemos as mais diversas técnicas de criação de estímulos proprioceptivos usadas, como o 3D, o movimento das cadeiras e até a aspersão de água ou vapor de água, ou mesmo a passagem do cinema para o digital, com toda a panóplia de efeitos especiais, etc.

5
A ARQUITECTURA E O MOVIMENTO

Ao contrário de todos os restantes sistemas exossomáticos de mediação, o movimento do corpo é o meio pelo qual o observador encontra a arquitectura. Naturalmente que esta pode ser representada ou simulada pela fotografia, pelo cinema ou por dispositivos de realidade virtual, mas essa não é a sua natureza.

Desde os finais do século XVIII que a experiência do espaço Arquitectónico e Urbano, com a evolução industrial e os diversos mecanismos de mediação que entretanto apareceram e se disseminaram, tem vindo a alterar significativamente a atenção e a capacidade de concentração do observador, não só, a um nível urbano, a cidade passou por uma verdadeira revolução urbanística, sobretudo causada pelos sistemas de transporte, como ao nível da Arquitectura, onde começaram a surgir os primeiros exemplos de uma preocupação de organização dos espaços, de acordo, quer com a ocularidade, quer com a tactilidade, os tipos de estímulos que passaram a pautar a vida moderna.

É no final do século XVIII em 1785, que o arquitecto Jeremy Bentham vem propor um novo sistema prisional, o panóptico, a ser generalizado para escolas, fábricas, etc.

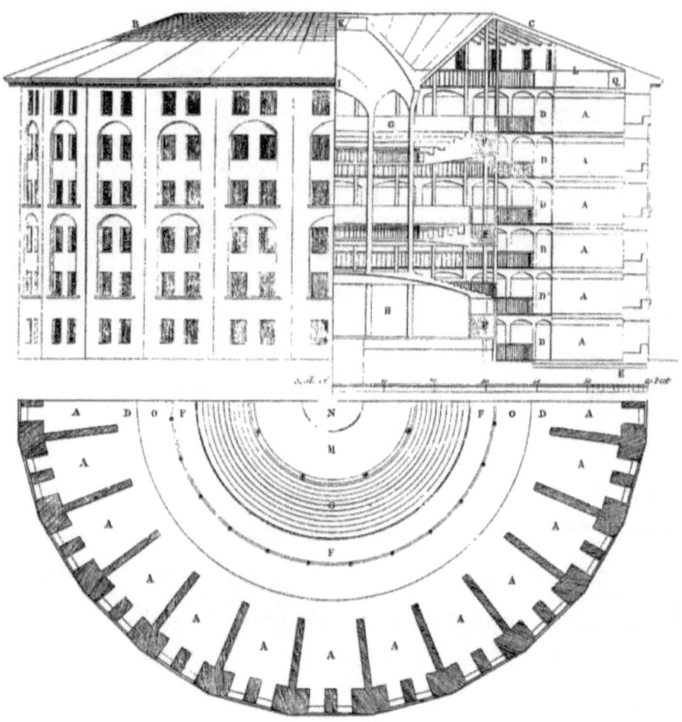

Fig.22. Desenho da secção e da fachada do panóptico de Jeremy Bentham. Fonte: Willey Revelev (1791).

A ideia do panóptico é revolucionária por duas ordens de razão, primeiro porque é um edifício pensado apenas segundo a sua função, depois, porque estabelece a ocularidade como linha geratriz na concepção do próprio edifício. O edifício passa a apresentar-se como um verdadeiro dispositivo, não como um dispositivo tão genérico como aquele que é definido por Foucault, mas como um suporte, capaz de condicionar e educar comportamentos. A definição que Foucault dá de dispositivo é mais genérica e pode ser descrita do seguinte modo: trata-se de um «ensemble résolument hétérogène, comportant des discours, des institutions, des aménagements architecturaux, des décisions réglementaires, des lois, des mesures administratives, des énoncés scientifiques, des propositions philosophiques, morales, philanthropiques, bref: du dit, aussi bien que du non-dit, voilà les éléments du dispositif. Le dispositif lui-même, c'est le réseau qu'on peut établir entre ces éléments» (Foucault, 1977: 62). O importante, é verificarmos que se trata de um sinal de mudança, idêntico aos verificados nos mecanismos ópticos descritos por Crary (1988), onde a óptica se apercebe da necessidade de introduzir os sistemas sensoriais do corpo, na sua compreensão. A articulação da visão passa a ser subjectiva, na medida em que a sua lógica de actuação visa o próprio corpo como um todo.

Na verdade, o edifício passa a estabelecer a organização dos espaços reservados aos diversos dispositivos disciplinares, ele passa a ser também um sistema de educação, condicionamento e reeducação, transformando-se num «dispositivo normalizador» (Foucault, 1977; 333). Todos os dispositivos apresentam um «diagrama» e tal como o panóptico não são apenas edifícios onírico, mas os diagramas «de um mecanismo de poder levado à sua forma ideal» (Foucault, 1977; 228).

Esta simplificação tipológica que vemos, não é solitária, como se pode constatar com algumas das obras de Claude-Nicolas Ledoux. A preocupação de Ledoux foi uma arquitectura da revolução, uma arquitectura de efeitos, conseguidos através dos volumes e dos materiais, capaz de comunicar claramente a sua função (Kaufmann, 1990; 59). Com uma preferência nítida pelos volumes, formas claras e espaços estereotómicos, articulados como unidades independentes e autónomas - as escadas, os muros, a distribuição da luz, o corpo principal, etc. - Ledoux procura montagens e colagens (*assemblages*) entre sólidos, como sistemas de concepção arquitectónica e, desse modo, substitui os antigos ícones pelo trabalho poético da significação plástica. Mas ao contrário dos ícones que apelam para um referente, estes novos elementos plásticos são auto-reflexivos, não permitindo que o significado se esgote num referente. É por esta razão, que E. Kaufmann fala na autonomia dos objectos arquitectónicos de Ledoux (Sequeira, 2010; 96).

Fig.23 Claude-Nicolas Ledoux. (1804) Casa dos supervisores da fonte do rio Loue. Fonte: Wikimedia Commons

Fig.24 Claude-Nicolas Ledoux. (1804) Fábrica de artilharia da Cidade de Chaux. Fonte: Coquet et Bovinet.

Doravante, a arquitectura «apresenta todos os constituintes de um sistema de significação, mas o seu referente é a própria comunicabilidade e, desse modo, liberta a imaginação do observador num trabalho de procura e encontro de significação» (Sequeira, 2010; 96).

Fig.25 Palácio de Cristal em Londres (1851) de Joseph Paxton, vista exterior.

Fig.26. Exposição Universal de Arte e Indústria de Paris de 1867. Vista aérea do plano do Arquitecto Leopold Hardy.

O final do século XIX é espelhado pelo enorme número de exposições internacionais da indústria, que se confundem com o desenvolvimento da arquitectura em ferro, recorde-se a Exposição Universal do Palácio de Cristal em Londres, em 1851, com o edifício de Joseph Paxton ou, a exposição universal de Paris, em 1855, com o Palácio da Indústria, por Jean-Marie Victor Viel ou, a Exposição Universal de Arte e Indústria de Paris, de 1867, de Leopold Hardy, ou ainda exposição Universal de Paris, de 1889, concebida por diversos arquitectos nomeadamente, Joseph Bouvard - Palais des Beaux-arts e Palais des Arts Libéraux - Formigé - Palais des expositions diverses - Dutert - -Galerie des machines - Charles Garnier - a exposição sobre a história do desenvolvimento humano – e, naturalmente, o engenheiro Eiffel – com a sua Torre.

Fig.27. Jules Saulnier (1872) Fábrica de Chocolate em Noisiel-sur-Marne. Desenho da estrutura em aço.

Um dos primeiros exemplos de estrutura em aço, fora do âmbito das exposições universais, foi a Fábrica de Chocolate, em

Noisiel-sur-Marne, perto de Paris, pelo Arquitecto Jules Saulnier, em 1872. A estrutura desta fábrica apoia-se em quatro suportes sobre o rio e nos seus intervalos situavam-se as turbinas para geração motriz da fábrica. Os panos de parede são apenas preenchimentos com tijolo entre a treliça da estrutura e, já nessa altura, se verificava alguma alteração na distribuição dos vãos, em função da nova estrutura. Por outro lado e ao contrário do habitual, a fachada é plana e apenas apresenta ornamentação plana. (Giedion, [1968] 2004: 137).

A necessidade de construir massivamente, tendo em atenção, não só os recursos económicos, como o tempo de construção, aliado à pujança industrial e a um certo espírito pragmático, típico dos Estados Unidos da América, criou as condições ideais para uma revisão geral dos métodos construtivos, para o avanço da fabricação em massa e para soluções rápidas e económicas.

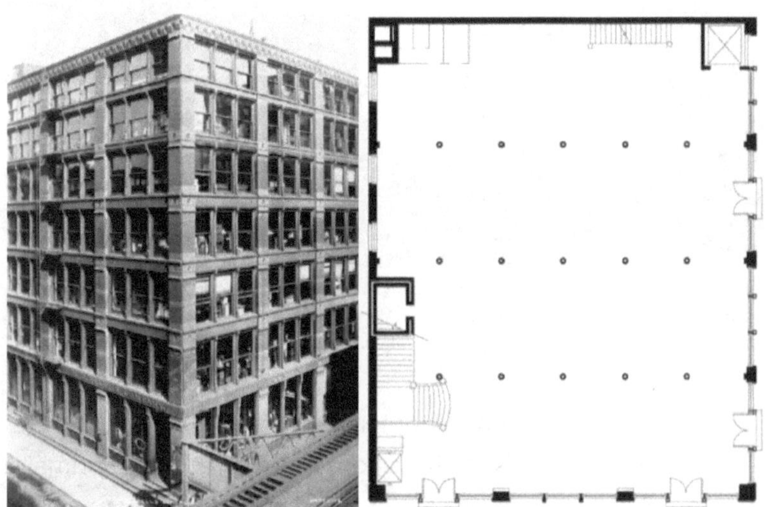

Fig.28 e 29. Jenney, William Le Baron (1879) 1st Lieter Building at Wells and Monroe Streets in Chicago. Vista e planta do piso 1 (hoje demolido).

É nesta altura que surge o *1ˢᵗ Lieter Building*, com uma estrutura totalmente em metal, pela mão de William Le Baron Jenney. Ao contrário do edifício de Saulnier, este edifício assume uma estrutura porticada simples e revoluciona a organização da sua fachada, já que os vãos são praticamente coincidentes com os espaços deixados livres pela estrutura que o sustenta.

Pouco tempo depois, aparece o edifício da *Home Insurance Company*, também do mesmo arquitecto. Curiosamente, este edifício é aquele que merece maiores referências e chega, por engano, a ser considerado o primeiro edifício americano com uma estrutura em aço, por Giedion ([1968] 2004; 138).

Fig.30 e 31. Jenney, William Le Baron (1884) Home Insurance Company, vista perspectivada. À direita apresentação do 1º elevador mecânico exibido no Palácio de Cristal de Nova Iorque em 1853 da autoria de Elisha Graves Otis.

Como já é conhecido, o primeiro ascensor a funcionar deve--se a Elisha Graves Otis, de Nova Iorque e aparece, pela primeira vez, em 1853, na exposição do Palácio de Cristal em Nova Iorque (Koolhaas, 2004; 25). A importância deste evento para a arquitectura dá-se a dois níveis: por um lado, trata-se do primeiro meio, que usando tecnologia industrial, permite o movimento vertical; depois, pela associação que faz entre tecnologia e anticlímax, ou «o não acontecimento como finalidade», como bem notou Koolhaas. Para lá da «teoria da catástrofe», que Koolhaas parece procurar, pensamos que a eficácia do elevador se prende com a capacidade que este tem de, paradoxalmente, ser um não acontecimento arquitectónico, isto é, um sistema mecânico que, pela primeira vez, vence a gravidade, base de toda a arquitectura, num movimento vertical e sem esforço.

Na sequência desta febre do século XIX pelas soluções transparentes de esqueleto metálico, podemos mencionar o gabinete de Louis Sullivan & Adler, que teve grande influência na arquitectura americana. Não só pelo elevado número de edifícios construídos, com estas novas técnicas e materiais mas, sobretudo, porque se percebeu que aquelas tinham consequências directas na própria arquitectura interior e das fachadas, permitindo maior liberdade funcional e maior simplicidade de desenho. E o mesmo se pode dizer relativamente ao uso de sistemas de isolamento, saneamento, etc. que, libertos da estrutura, podiam ser desenvolvidos de modo abstracto e autónomamente.

Estes sistemas estruturais, que já haviam dado provas nas diversas Exposições Universais ao longo do século, não só permitiam vencer maiores vãos com grande facilidade, como permitiam que as fachadas tivessem mais e maiores aberturas, favorecendo a transparência e «honestidade» da superfície táctil, face à sua «essência» estrutural.

A influência destes novos modelos espaciais arquitectónicos, do Novo Mundo, aliados ao uso do betão pelo sistema estrutural Hennebique, já em uso na Europa, tiveram fortes repercussões nas propostas de Le Corbusier, para a Casa Dom-Ino, de 1914--15. Proposta que, apenas após a guerra da Flandres, em

Setembro de 1941, teve aplicação. A casa Dom-Ino é uma casa pré-fabricada para produção em série, tanto ao nível da estrutura como dos restantes elementos (janelas, portas, armários, paredes, tabiques, etc.).

Fig.32. Sullivan, Louis and Adler (1891) Wainwright Building, Chicago.

Será, sómente em 1926, que aparecem publicados na revista *L'Esprit Nouveau* os famosos cinco pontos da Nova Arquitectura, por Le Corbusier. Podemos estabelecer dois grupos conceptuais nos cinco pontos propostos. Por um lado, a libertação da planta e da fachada, por outro, os pilotis e o terraço-jardim, sendo que a libertação dos vãos é comum a ambos. No primeiro agrupamento, encontramos a transparência, a comunicabilidade e o movimento, no segundo agrupamento, a relação com o mundo e com uma certa ideia de natureza.

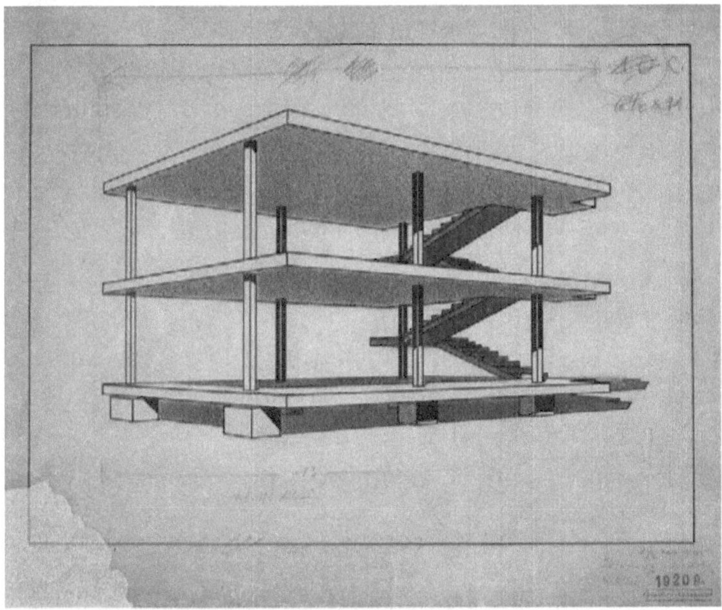

Fig.33. Le Corbusier: Casa Dom-Ino apenas publicada em (1926)

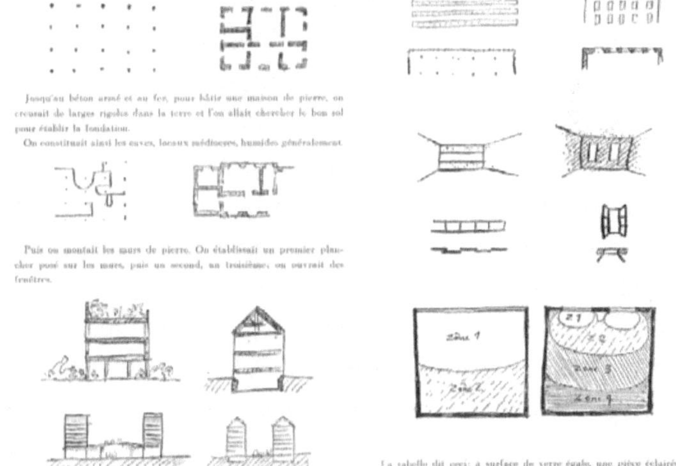

Fig.34. Le Corbusier (1926) Les 5 Points d'une architecture nouvelle. 1. Os pilotis; 2. Planta livre; 3. Fachada livre; 4. Fenestração livre; 5. O terraço jardim.

A libertação da planta face á estrutura e á fachada e, destas entre si, tem óbvias consequências sobre o aumento da comunicabilidade – pois a planta passa a poder ser desenhada e construída segundo um certo livre-arbítrio, a fachada passa a poder apresentar vãos que obedecem apenas a necessidades de iluminação e composição e a estrutura liberta, para além de obedece à sua lógica estática, é mobilizada para um jogo de volumes e de luzes. Por outro lado, a elevação da construção, permite uma libertação face ao mundo que, doravante, é apenas um espaço disponível, enquanto a natureza passa a integrar, depois de dominada, a própria arquitectura, servindo razões de sustentabilidade, tanto quando de lazer. A partir daqui, terminam as referências sociais e simbólicas, que passam a ser externas à arquitectura. A sua estrutura disciplinar e construtiva, assume a alienação necessária para a sua autonomia disciplinar.

Corbusier realiza a síntese entre os volumes e espaços esterotómicos, de Ledoux e a libertação da planta e dos alçados dos espaços tectónicos, da escola de Chicago. De certo modo, ele propõe esta unidade através dos conceitos de ocularidade e tactilidade, de teatralidade e absorção, de transparência e interacção, presentes em ambas as tipologias.

Assim, tal como nas restantes artes, a arquitectura também inicia um processo que procura estilhaçar os limites estereotómicos de um espaço que já não se pretende íntimo. A libertação dos vãos da fachada estabelece uma relação absolutamente arbitrária face ao simbolismo dos vãos tradicionais (pontos de vista privilegiados sobre o mundo), permitindo, inclusivamente, que existam vãos horizontais rasgados, de grandes dimensões. Estes vãos panorâmicos, são realizados para a fruição de um observador em movimento no espaço. As plantas livres, não só permitem a total disponibilidade funcional, como permitem que Le Corbusier, se dedique a pensar o movimento interno, através das suas rampas e caminhos, como é o caso da Vila Savoie.

Por outro lado, a versatilidade tectónica do sistema, permite o abandono das tipologias. Já não a simbólica da casa, da fábrica, da escola, do pavilhão de exposição, etc., como em Ledoux; já não o sistema que havia marcado toda a sociedade da disciplina que Foucault descreve, pois, doravante a versatilidade e a disponibilidade prevalecem. Entre as casas familiares e os edifícios de grande dimensão, apenas a escala varia e já não se trata de tipologias diferenciadas. Verificam-se mesmo, que os módulos de um edifício de grande dimensão, como é o caso das «Inmuebles-villas», possam passar a ser pavilhões de exposição, como o *Esprit-Nouveau* (1922).

No seu livro «Vers une Architecture», Corbusier usa as mesmas análises que Auguste Choisy usa na 'Histoire de l'architecture', para demonstrar que os clássicos se preocupam com os percursos e com o olhar. «Il ne faut pas oublier que le sol de l'Acropole est très mouvementé, avec des différences de niveaux considérables qui ont été employées pour constituer des socles imposants aux édifices. Les fausses équerres ont fourni des vues riches et d'un effet subtil; les masses asymétriques des édifices créent un rythme intense. Le *spectacle*[14] est massif, élastique, nerveux, écrasant d'acuité, dominateur » (Le Corbusier, 1925; 31). É também desta altura o início da preocupação com o movimento na casa, a já gasta expressão da *promenade architectural,* introduz o movimento como sistema na própria casa. Como refere Flora Samuel (2010), acerca das obras de Le Corbusier, «the observer pathway through the built space is a central element of Le Corbusiers architectural and city planning designs. It is the sequence of images that unfolds before the eyes of the observer as he or she gradually advances

---

[14] Itálico nosso.

through the structure. It is the (...) the *internal circulatory system* of architecture. With the help of the *promenade architecturale*, Le Corbusier created virtuosic imbrications of indoor and outdoor space, fluid spaces that reveal themselves as the visitor progresses. Architecture constitutes the space of processes of movement».

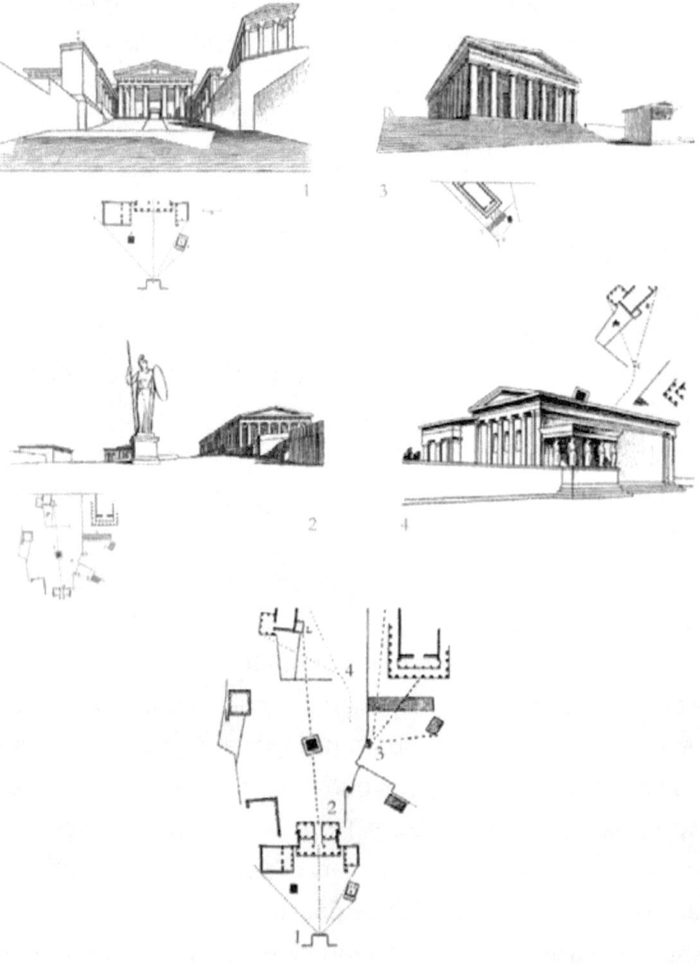

Fig.35. Excerto do livro de Auguste Choisy 'Histoire de l' architecture' (1899) onde o autor faz diversas análises dos percursos e olhares na Acrópole de Atenas. Análises que serão retomadas por Le Corbusier na sua obra «propagandistica» *Vers une Architecture*.

Num extremo, é o próprio edifício que está animado de movimento e pode crescer indefinidamente, como é o caso da proposta para o Museu de crescimento ilimitado.

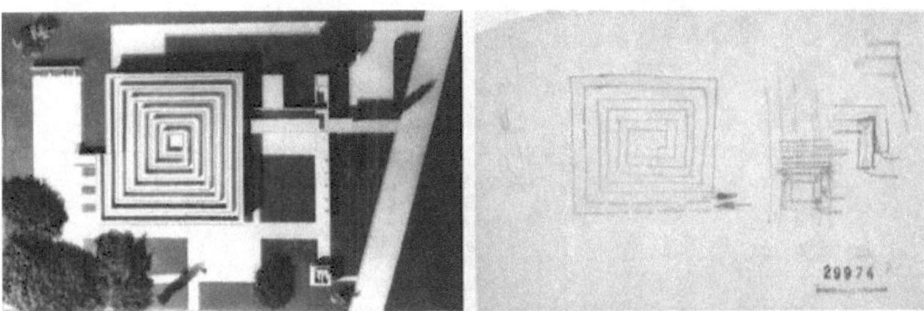

Fig.36 e 37. Maqueta e estudos para o museu de crescimento ilimitado (1931). Fonte Fundation Le Corbusier.

Tanto com uma perspectiva peripatética de percurso, numa *promenade*, como olhando a arquitectura como montagem, a arquitectura apresenta já elementos de interactividade táctil, que é difícil negar. Mas ao contrário das outras artes (excepção para a escultura), na arquitectura o cinestésico é a base da ocularidade.

O movimento é construído como uma cenografia cinematográfica, na qual os volumes são partes de um jogo de montagem e os vãos são os seus enquadramentos e também texturas.

Os edifícios são estruturados em função de um sistema interactivo que conflitua com a transparência que propõe, como se a arquitectura apontasse para uma disponibilidade absoluta para se tornar um dispositivo. Mas ao contrário do panóptico, cujo absolutismo ocular é total, aqui a tactilidade e a interacção livres, são requisitos fundamentais.

Este fascínio pelo movimento também toca o futurismo italiano e o construtivismo soviético.

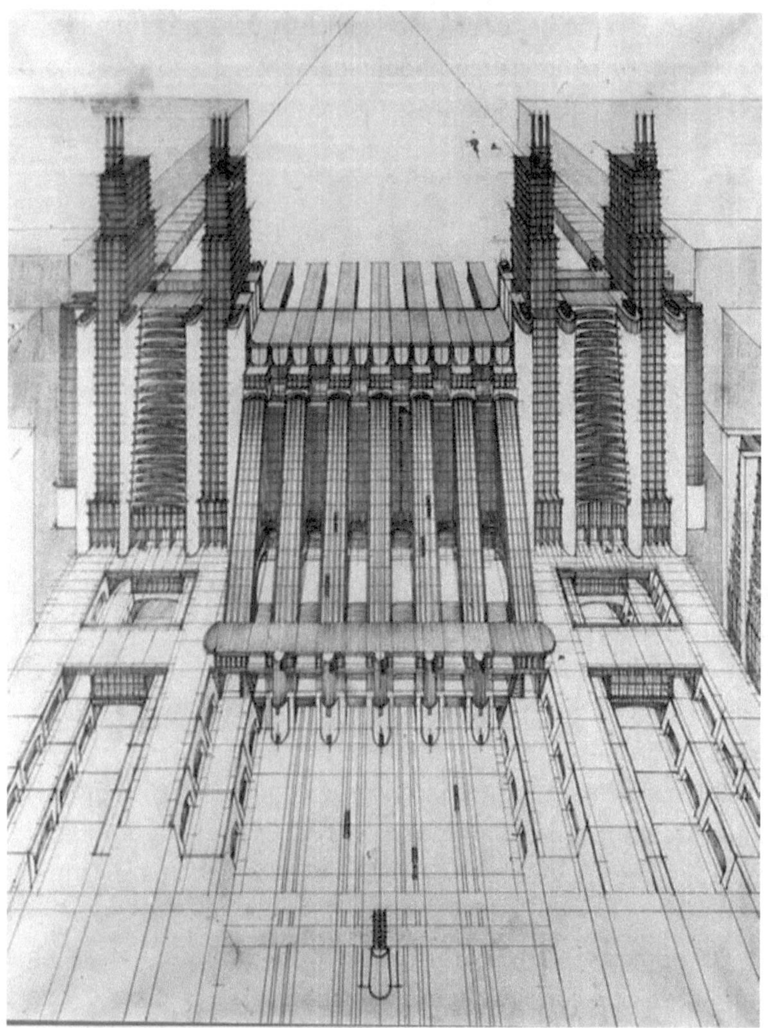

Fig.38. Antonio Sant'Elia (1914) Estação de comboios e aviões, com elevadores de ligação em três níveis de estradas. Serie Città Nuova.

O movimento nas propostas utópicas do futurismo italiano é, no entanto, um movimento representado, esteticizado e, sobretudo, mecânico. As propostas para a *cittá nuova,* de 1914, são propostas de edifícios dinâmicos e de interfaces modais de comboios. Falar de movimento, neste caso, é mais falar de formas dinâmicas e esteticizadas do que de efectivo movimento arquitectónico. As formas arquitectónicas autonomizam-se, a um tal ponto, que substituem o próprio homem e são elas que comandam o movimento. A maquinaria prevalece em absoluto e, por isso, nas propostas de Sant'Elia, todos os movimentos verticais e horizontais são realizados por máquinas – elevadores e meios de transporte mecânicos.

O mesmo não se poderá dizer do Construtivismo soviético. Aqui, o movimento é determinado pela propriocepção dos utilizadores e a tecnologia e aparelhagem não comandam a organização espacial. Do mesmo modo, não existe uma preocupação estética metafísica ligada ao dinamismo das formas, a forma resulta da montagem formal, mas sobretudo da actuação humana, como é o caso do Pavilhão da URSS, realizado por Konstantin Stepanovich Melnikov, para a *Exposition des Arts Decoratifs de Paris,* de 1925. Este edifício é concebido segundo os princípios do Construtivismo, em ferro, vidro e madeira, apresentando-se como uma caixa rectângular simples com dois pisos, onde o Arquitecto introduz, em diagonal, a escada exterior, criando deste modo os próprios espaços interiores do pavilhão. Tal como muita da arquitectura dos seus conterrâneos, saídos da revolução de Outubro, na URSS, também Melnikov apresenta um edifício manifesto.

Se retirarmos a cobertura das escadas, que tem uma nítida conotação militar e heroica - o cruzamento das espadas – -encabeçada pela foice e pelo martelo do CCCP, todo o restante pavilhão é gerado a partir das escadas, reforçando a ideia de que é o utilizador quem organiza o espaço.

Mas ao colocar as próprias escadas na diagonal da caixa, rompe também com o formalismo estático original. Por outro lado, todo o pavilhão é limitado por vidros, colocados numa estrutura de metal, imprimindo-lhe uma forte transparência e luminosidade.

Deste modo e com um simples pavilhão, Melnikov afirma a primazia do utilizador sobre a forma e questiona os limites da superfície entre o interior e o exterior, conjugando-a com a própria estrutura.

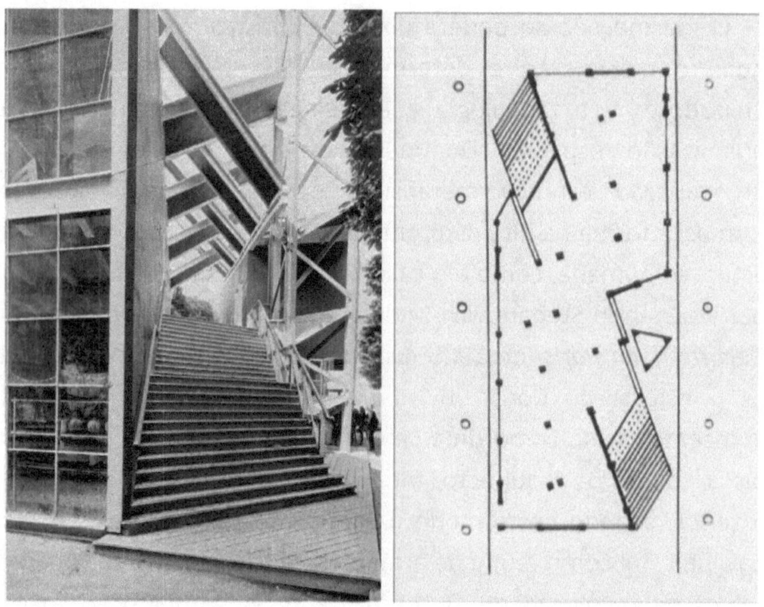

Fig.39 e 40. Konstantin Melnikov (1925) Pavilhão da USSR na Exposition Internationale des Arts Decoratifs de Paris, foto do acesso/atravessamento diagonal e representação da planta.

Estes dois aspectos, a tactilidade/sinestésica (gerada pela acção do utilizador) e a transparência visual (gerada pela superfície estrutural do edifício), embora tratados de modo diferente, serão fundamentais nas vanguardas do final do século XX e início do séc XXI.

A arquitectura do século XX é caracterizada pela procura fascinada de dois aspectos: 1. a autonomia do objecto arquitectónico, geralmente associada à ocularidade, à transparência e a conceitos teóricos de espaço (normalmente com características funcionalistas); 2. a dependência face à experiência, sentida, quer na interactividade (com a planta livre e com o movimento), quer na tactilidade (na libertação estrutural e no uso de novos materiais construtivos).

No entanto, também constatamos que a unidade destes dois conjuntos de aspectos não é equilibrada, prevalecendo a primeira sobre a segunda. Isto porque a autonomia do objecto arquitectónico, só em algumas obras do construtivismo, parece ser ultrapassada, já que nas restantes obras, toda a experiência do espaço é realizada em função da ideia projectual de que a arquitectura é um sistema autónomo e, mesmo que realizadas para experiências do espaço, estas são controladas pelo próprio arquitecto ou por motivos que derivam da tecnologia construtiva.

A arquitectura moderna deixa, por isso, um legado: a ambição de se tornar num dispositivo de mediação autónomo, à semelhança dos dispositivos de mediação exossomáticos, capazes, simultaneamente, de seduzir e de absorver o utilizador numa experiência do espaço; e, ao mesmo tempo, a necessidade de questionar essa mesma ambição mediadora e autónoma.

De certa maneira, o modernismo, não consegue uma verdadeira integração entre a estrutura disciplinar da arquitectura e os seus utilizadores pois, ao estabelecer a sua autonomia disciplinar, assume que é apenas através dos sistemas construtivos e funcionais próprios, que obtém essa almejada relação. E mesmo quando propõe a libertação e alienação das partes - a fachada, a estrutura, a planta, a relação com a natureza ou com a sociedade e o movimento - estas são apenas partes autónomas de um objecto autónomo.

O movimento do utilizador é pensado como um elemento linear cinematográfico, impondo desse modo leituras e esquecendo-se que, ao contrário do cinema, o espaço arquitectónico é reversível. Não é por acaso, que as propostas de movimento se materializam em rampas e em percursos predeterminados e não na confrontação de espaços, capazes de criar diferentes experiências, deixando os percursos e as velocidades para os próprios utilizadores.

Fig.41 e 42. Le Corbusier, Plan Obus para Argel, 1931. Vista geral da maqueta e da sua implantação territorial procurando uma integração da autoestrada com a paisagem. Vista do interior da megaestrutura. Adivinham-se duas escalas e dois ciclos: Em cima, o da superfície e da ocularidade e o da estrutura e da tactilidade.

As hipóteses que se seguem ao modernismo, genericamente designadas por pós-modernistas, reconhecem que a modernidade foi caracterizada pelo aumento das velocidades e pela conquista de uma certa autonomia e, compreendem que doravante, será necessário um outro tipo de arquitectura. Para os pós-modernos, a comunicação arquitectónica faz-se sobretudo a um nível urbano, pois compreendem a mudança de escala da nova sociedade financeira e, embora refiram, com alguma insistência, que a experiência humana se alterou, apenas a vêm, na medida em que as deslocações são cada vez mais realizadas através dos sistemas de transporte motorizado. Voltaremos a esta questão mais adiante.

Iremos, no entanto, assistir a uma variedade de reacções nos movimentos pós-modernistas, das quais podemos destacar duas tendências: a pós-modernidade que procura ainda, à imagem dos modelos exossomáticos de mediação, uma maior comunicabilidade, mantendo, no entanto, a autonomia arquitectónica; e, por outro, uma pós-modernidade espelhada, sobretudo, nas artes e não tanto na arquitectura, que questiona o papel do utilizador e o papel da arquitectura, como sistema de mediação. À primeira, designaremos Pop e à segunda Minimalismo. Iremos aqui desenvolver apenas a primeira, pois foi essa que deu origem às respostas contemporâneas.

Acreditamos que as respostas dos gabinetes de Diller Scofidio + Renfro e de Herzog & De Meuron, resultam do conflito gerado entre uma das ambições do modernismo, no sentido de uma maior interactividade, tactilidade e experiência do espaço e da Arquitectura Pop. Esta, procura na comunicação cenográfica, resolver a dicotomia moderna entre a necessidade de comunicação e a necessidade de manter a sua autonomia, através de uma posição crítica perante a ideia de uma arquitectura da mediação. Àquelas duas propostas, podemos designar por arquitectura da mediação e arquitectura tecnológica, seguindo, nesta última, a sugestão de Hall Foster (2011).

6
A ARQUITECTURA POP

Em resultado da crise instaurada, a ideia da Pop associa-se a um envolvimento directo com a cultura de massas, tal como foi transformada pelo sistema de consumo capitalista após a II Guerra Mundial, visando resolver a anterior crise modernista, através de sistemas de comunicação exógenos e procurando manter a autonomia disciplinar e técnica da arquitectura.

A ideia da Pop foi retomada por Robert Venturi e Scott Brown Scott Brown, numa obra que se tornou célebre o *Complexity and Contradiction in Architecture* (1966), tornando-se um discurso de suporte para o pós-modernismo e tendo como exemplos, Michael Graves, Charles Moore, Robert Stern e outros na década de 80. Todos estes arquitectos aceitam as teorias de Venturi e passam a usar imagens de origem comercial e/ou históricas, que se justapõe à estrutura arquitectónica.

Robert Venturi e Denise Scott Brown opõem-se ao prolongamento do movimento moderno, que subsiste no brutalismo e no expressionismo. Para aqueles autores. a arquitectura moderna e as correntes ainda a ela ligadas, não conseguem estabelecer as necessárias ligações com a sociedade e com a história, precisamente porque teimam em manter-se numa modernidade abstracta e anemésica por natureza, uma modernidade a que falta «inclusão», no gosto popular e falta «alusão» à arquitectura tradicional e vernacular. Segundo os autores, estas «faltas», resultam da rejeição, por parte daqueles movimentos, modernos e neomodernos, de uma iconografia ornamental e, da insistência, num expressionismo abstracto-formal, incapaz de estabelecer empatias com a população.

Fig.43. Robert Venturi, Denise Scott Brown, and Steven Izenour – *The Duck and the Decorated shed* publicado no livro *Learning from Las Vegas* (1972)

Venturi, Brown e Izenour, na famosa obra de 1972, desenvolvem então uma metáfora muito interessante e que iremos aqui retomar, a ideia de que a aproximação a uma arquitectura mais popular, implica aceitar que a mesma apresenta uma dicotomia entre duas posições conceptuais. Por um lado, a arquitectura *«duck»*, por outro, a arquitectura *«Decorated Shed»*.

Para Venturi e Scott Brown, o paradigma da arquitectura «duck», que é considerada como uma herança do modernismo - sobretudo baseada nas obras tardias de Le Corbusier - caracteriza-se por uma expressão formal escultórica, transformando-se num objecto simbólico, anedótico ou com características brutalistas. Esta deve ceder o lugar ao modelo pós-moderno da «caixa ornamentada», um edifício com uma fachada decorada e comunicativa e um interior convencional, isto é, a aplicação de um ornamento independente do espaço e da estrutura, que está ao serviço do programa e das tecnologias construtivas, próprias da arquitectura.

Fig. 44 e 45. The Duck - Art & Architecture Building, Yale University, New Haven, CT (1958-64), Paul Rudolph) e The Decorated Shed - Guild House, Philadelphia, PA (1962-66), Venturi & Rauch

Procura-se, assim, uma arquitectura cenográfica e teatral, mais do que uma arquitectura escultórica ou, segundo as suas palavras, «o pato é um edifício especial que é um símbolo, a caixa ornamentada é o abrigo convencional que aplica símbolos» (Venturi, 1977; 87)

Independentemente desta salvaguarda «culturalista»[15] de Venturi, a sua relação com a cultura popular ou comercial não se fica por uma mera aceitação, fazendo mesmo a apologia do imaginário da Pop. Endossa, uma arquitectura comercial do automóvel e da velocidade de captação da envolvente, por um lado, e da expansão urbana desenfreada para as áreas comerciais limítrofes, por outro, como a fonte para uma arquitectura significante. Ao identificar o âmbito civíl e cívico com o comercial, considera que só uma arquitectura cenográfica e teatral pode conectar elementos distantes e vistos à velocidade, com que hoje nos deslocamos, nos nossos automóveis.

Fig.46. Edward Ruscha (1966) *Every Building on the Sunset Strip*

Esta alteração de velocidade prende-se, assim, com o assumir de uma fruição distraída e superficial, típica da idade do automóvel, magistralmente demonstrada em «*Every building in a sunset strip*», por Edward Ruscha.

O desenvolvimento desta hipótese da «caixa ornamentada» virá a subverter a própria base ideológica de uma Pop Arte que rejeitava o elitismo, tornando-se, pelo contrário, numa manipulação populista de signos justapostos e criadores de fachadas e superfícies sem repercussão nos espaços interiores. A

---

[15] Referimo-nos ao conceito usado por F. Choay na sua obra «L'urbanisme, utopies et réalités: une anthologie».

ironia afirmativa dos arquitectos torna-se uma afirmação da ironia na arquitectura, através da alusão a linguagens e sentidos arquitectónicos, apenas inteligíveis pelos iniciados. E, simultaneamente, a inclusão de uma iconografia comercial e imaginária sem qualquer sintaxe, permite às massas aceitar uma arbitrariedade comunicativa total, assimilando, assim, o liberalismo capitalista e o poder financeiro. Por esta razão se explica, a aceitação deste modelo populista, por parte dos sectores políticos conservadores.

Fig. 47. Michael Graves 1991 Team Disney Building.

Fig. 48. Frank Gehry (1991) Chiat/Day Building, Venice, California.

A teatralidade opõe-se à imersão e absorção do observador, da mesma maneira que a hipermediação se opõe à imediatidade ou que o interior se opõe ao exterior. Isto é, quando Venturi e Scott Brown estabelecem, como base, a ideia de uma arquitectura dividida entre um invólucro onde se justapõem signos e um interior que distribui o programa, retomam:

a) Relativamente ao invólucro que pretende uma comunicabilidade exógena:

a. A ideia de que o signo é objecto em si e para si próprio, com a capacidade de poder ser olhado como passagem de uma presença significante a uma presença significada;

b. Esta circularidade, entre uma presença original e uma uma presença final, que constitui a semiótica, determina um objecto cuja autonomia não é tocada, mas que só apresenta áreas de influência, quando significado. Ora, este procedimento só pode ter dois desenlaces, ou o movimento da presença perdida não permite o processo de reapropriação e deixa o objecto arquitectónico votado a ser um mero sinal; ou esta significação autónoma não se coaduna com o movimento e com a velocidade do automóvel, senão pela sua simplicidade e imediatez, o que nos levaria para a arquitectura «Duck». Em qualquer dos casos, o uso de iconografia na arquitectura é, nos dias de hoje, impossível sem cair na manifestação de um vazio.

    b) Relativamente ao interior, que pretende uma comunicabilidade endógena:

        a. Ao ocultar o interior, pressupõe-se uma certa mistificação dos conteúdos, que perpassa para o exterior e reforça a suspensão do processo de significação;

        b. Ao manter uma lógica diferenciada entre o uso e a experiência da arquitectura e a sua significação, retira, também ao espaço interno, qualquer possibilidade de significação.

Deste modo, Venturi e Scott Brown, ao quererem introduzir uma componente comunicacional que aproximasse os utilizadores da arquitectura, acabam por realizar exactamente uma fetichização social do objecto, aproximando-o da marca estatutária e fazendo entrar, em absoluto, a arquitectura nos circuitos comerciais da sociedade de consumo.

Em resposta crítica e irónica àquela proposta do pós-modernismo Pop, outras elaborações alternativas da Pop apareceram, como os projectos visionários do SuperStudio[16] ou, os anti-eventos do grupo *Ant Farm*[17] (*underground architecture*).

---

[16] Composto por Adolfo Natalini, Cristiano Toraldo di Francia
[17] Composto por Chip Lord, Doug Michels, Hudson Marquez e Curtis Schreier

Fig. 49 e 50. Buckminster Fuller (1920-1945) Dymaxion House

O grupo *Ant Farm*, amplamente influenciado pelas investigações técnicas e funcionais de Buckminster Fuller, sobretudo na Dymaxion House, propõem-se prosseguir a vertente interna da «caixa adornada» de Venturi. A *House of the Century,* apresenta uma crítica à autonomia funcional, apelando à experiência e à comunicação do espaço. Os seus estudos sobre o uso, acabam por levá-los até á proposta de casas insufláveis, únicos espaços cuja experiência e comunicação interna e externa, é total, exactamente porque, não só não têm uma forma definida, como permitem uma maior liberdade na relação com o exterior.

Os *SuperStudio*, mais influenciados pelas distopias dos *Archigram*, sobretudo pela *Plug-in City* e pela investigação multidisciplinar - utiliza a colagem, a montagem cinematográfica e a fotomontagem – procurando responder à expansão urbana, baseada nas tecnologias funcionais e à ideia de edifícios significativos, capazes de responder ao apelo da comunicação. Assim, utilizam uma «grelha negra num fundo branco», como conceito capaz de organizar a totalidade do espaço e a qualquer escala, é o caso da proposta do «monumento contínuo», como ideia de descontextualização de uma estrutura global e atemporal.

Fig.51. AntFarm group (1973) House of the Century, Mojo Lake.

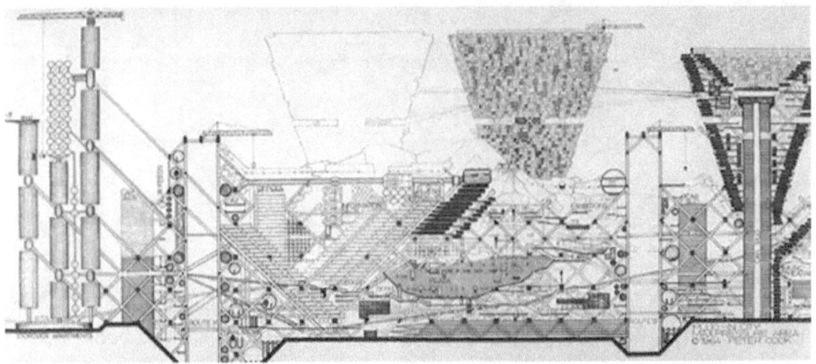

Fig.52 Archigram (1964) Plug-In City

Este grupo apresenta sempre propostas que pretendem, sobretudo, ser críticas e propostas conceptuais para novas formas de vida na terra, utilizando o absurdo e o exagero, como meios.

«Design should be considered as a 'cross-discipline', for it no longer has the function, between man and environment, of rendering our requirements more complex through the creation of a new artificial panorama. By finding a connection between data taken from the various humanistic and scientific disciplines (from the technique of body control to philosophy, the disciplines of logic and medicine, to bionomics, geography...) we can visualize an image-guide: the final attempt of design to act as the 'projection' of a society no longer based on work (and on power and violence, which are connected to this), but an unalienated human relationship» (Natalini, 1972; 2)

Fig.53. Ant Farm (1971) Inflatable space Fonte: Ant Farm (1971) Inflatocookbook

Fig.54 e 55. SuperStudio (1969) The Continuous Monument, An Architectural Model For Total Urbanisation.

Fig.56. SuperStudio (1969) Life without objects

Uma vez mais, o movimento Pop, não se ficou por aqui, fazendo surgir as respostas dos herdeiros do International Style modernista. Referimo-nos, em especial, à emblemática obra de Richard Rogers e de Renzo Piano, o Centro Pompidou, iniciado em 1971 e terminado em 1977, que é, por um lado, tecnológico (na senda do novo brutalismo de Banham) e iconológico (na senda de Venturi). Mas aqui, já vemos, pela primeira vez, o início de uma iconografia tecnológica desprovida de significado exógeno, que irá instaurar, na continuidade do International Style, um estilo, que muitos designam, *High-Tech*.

Nos nossos dias, esta herança tem tido dois tipos de resposta, quer nas obras de Rem Koolhaas, quer nas obras de Frank Gehry.

No primeiro, encontramos, não só, influências das imagens dos *Archigram*, mas também influências do Novo Brutalismo. De certo modo, tanto na Seatle Public Library, como na Casa da Música, como ainda na *China Central Television Headquarters* CCTH, assistimos a inovações tecnológicas que, por si só, criam ícones urbanos instantâneos. Isto é, retomam-se os ensinamentos do expressionismo tecnológico, do brutalismo e de Roger e Foster, de modo mais aprofundado, pois agora assume-se a estrutura global como capaz de resolver, não só a necessidade de manter a autonomia, como através de efeitos de montagem de volumes, aproximar a arquitectura do seu utilizador. No entanto, a rápida transformação da estrutura em superfície semiótico-tecnológica, não permite a almejada interacção física com o utilizador, limitando-se a apresentar-se como, mais um, ícone na cidade.

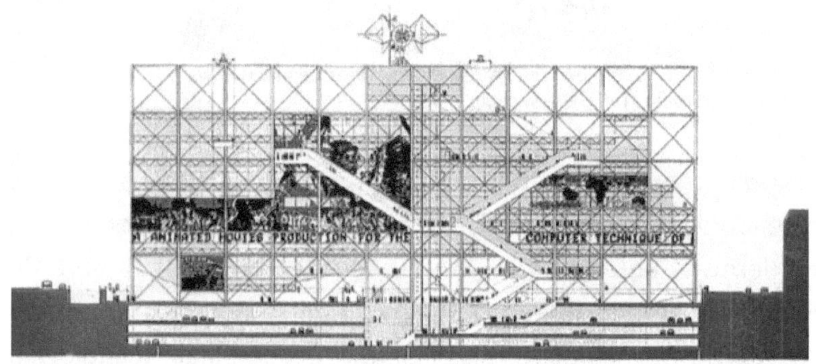

Fig.57. Richard Rogers & Renzo Piano (1971 a 1977) Centre Pompidou. Alçado.

A pele, que na *Seatle Public Library*, recobre a estrutura programática, dialoga de forma simbólica e de imediato com a sua envolvente. Esta metodologia, é usada também na Casa da Música, como na *China Central Television Headquarters* e os resultados, não conseguem melhor do que obter um sistema de interacção táctil ao nível dos arquitectos da Escola de Chicago, onde a estrutura autónoma assume o imaginário tecnológico do utilizador.

Frank Gehry inicia o seu trabalho com uma exploração inventiva de materiais comuns, usando como técnica, a composição de quase-objectos ou partes *ready-made*, como se verifica na intervenção *venturiana* que faz para a casa de Santa

Monica. Mas, depressa passa para a manipulação de objectos iconográficos, como acontece, tanto no *Aerospace Hall* (1982-84), como no edifício *Chiat/Day*, como ainda no *Peix Hotel d'Arts* (1988-92).

Fig.58 e 59. Rem Koolhaas (2004) Seattle Public Library

Fig.60 e 61. Frank Gehry (1978) House in Santa Monica

Este arquitecto parece ter, já nos anos 80, reposicionado a oposição *venturiana* da «decorated shed», entre uma estrutura mais neomoderna (arquitectura como monumento ou arquitectura «duck», segundo Venturi) e o ornamento pós-moderno (o signo ou a «decorated shed» de Venturi). Referimo-nos ao projecto para o *Peix Hotel d'Arts*, em Barcelona, onde o ornamento iconográfico da superfície toma, uma vez mais, uma escala de dimensão estrutural. O seu procedimento é inverso ao de Koolhaas, pois para Gehry, é a pele que se assume como estrutura programática.

Fig 62. Frank Gehry (1991-97) Guggenheim de Bilbao. Vista exterior do lado do porto.

Com o aparecimento dos softwares de modelação tridimensional de formas complexas (NERBS), como é o caso do Catia (1982), a concepção passa a dominar também os aspectos da engenharia. Por outras palavras, a pele ou a superfície decorada, passa a estar controlada também como estrutura. Não substituindo, realmente, pelo menos por enquanto, a estrutura geral do edifício, acaba por produzir uma dualidade de estruturas que se confundem na sua expressão, a do espaço interior e a do ornamento. Esta característica é bastante nítida no edifício do *Guggenheim de Bilbao* (1991-97) e, sobretudo, no *Experience Music project* (1995-00). Por outro lado, Gehry mantém a iconografia expressionista, através da alusão a ícones populares - em Bilbao a um navio quebrado e em Seatlle à guitarra esmagada de Jimi Hendrix. Excede as expectativas de Venturi, quando transforma os signos de contextualização do ornamento na própria forma da arquitectura que, desse modo, ultrapassa o seu contexto e, simultaneamente, transforma o objecto arquitectónico em algo que apenas se consegue ver através de outros sistemas de mediação.

O *efeito Guggenheim,* é também, o espelho de um sistema que procura através de ícones de dimensão monumental, sobretudo em museus e obras públicas de grande relevo cultural, atrair público de consumo, numa escala já não nacional, mas internacional, de jogo financeiro global. Retoma a ideia Venturiana, mas também Futurista, de uma comunicação iconográfica onde o movimento se faz a uma escala Internacional, através de mecanismos tecnológicos, como o avião, o automóvel, a fotografia e o cinema. Por isso, podemos dizer que, ainda hoje, continuamos num mundo Pop.

7
PROPOSTAS RECENTES NA ARQUITECTURA

No que diz respeito à dialéctica instaurada entre a estrutura e a superfície, entre impulsos contrários para desmaterializar e materializar, o termo *Pop* tornou-se dominante, o que seria expectável numa sociedade que se rendeu às tecnologias da imagem e da informação. Do mesmo modo, na dialéctica entre os impulsos contrários para revelar e esconder a estrutura e o espaço, o fenomenológico tornou-se privilegiado, verificando-se mesmo, uma fenomenologia do literal.

Para confirmar o que acabamos de afirmar, basta ver as obras de Jean Nouvel e de Diller Scofidio + Renfro, onde os efeitos de neblina e evanescência, tanto da Fundação Cartier (de modo brilhante), como do edifício Blur (de modo mais obscuro), colocam questões sobre o que é a transparência literal ou claridade estrutural, quando, com o uso de tecnologias avançadas, o carácter tradicional e os materiais convencionais, desaparecem.

A subversão dos princípios iniciais é, assim, conseguida, na medida em que os edifícios são espectaculares (no sentido que Guy Debord dava), mistificando a sua produção e fetichizando a sua presença. A própria luz, que no modernismo era um meio de espiritualidade utópica, é agora posta ao serviço do enigmático e dos efeitos especiais. Implícito nesta arquitectura luminosa, é que a transparência, desejável ou não, é impossível, pois a produção da maioria das coisas tornou-se numa caixa negra (ou branca).

Fig.63. Jean Novel (1994) Fundação Cartier. Vista do jardim.

Por outro lado, noutras abordagens, mais ligadas ao minimalismo, em que se procura uma integração excessiva, criam-se situações em que a tensão é esmorecida e fica apenas o sublime, como é o caso do projecto de Peter Zumpthor para a extensão do museu *DIA:Beacon*. Este projecto apenas repete o sublime kantiano, no sentido de um duplo movimento: o observador é esmagado pela escala da obra e sua contaminação do espaço, obtendo-se, deste modo, um efeito de experiência e de absorção; e simultaneamente, o observador, recupera intelectualmente desse temor e, assim, sente-se fortalecido por essa mesma força de superação. O sublime é, no entanto, uma subversão dos princípios do minimalismo, já que, também aqui, tanto a separação como a união são virtuais e resultam de uma separação espectacular, onde enfrentamos uma fenomenologia do literal.

Fig.64 e 65. Diller Scofidio + Renfro (2002) edifício Blur, Swiss Expo. Vista exterior e desaparecimento.

Fig.66, 67, 68 e 69. Peter Zumthor (Projecto) Extensão do Museu Dia Beacon, realizada para a Escultura «*360º I Ching*» de Walter de Maria.

É nesta sequência que Herzog & De Meuron referem que já não entendemos o funcionamento dos objectos que usamos no dia-a-dia, ao ponto de todos parecerem conglomerados sintéticos, onde a mistura de materiais é tal que a decomposição original já não é possível, advogando, uma arquitectura de «superfície de projecção» (Herzog & De Meuron, 2005).

Fig.69, 70 e 71. Herzog & De Meuron (2007) Caixa Forum, Madrid. Esquema dos pisos, vista do espaço de relação com a rua e vista de um dos interiores.

Se, como nos dizem Herzog & De Meuron, os aspectos fenomenológicos e sensitivos e os aspectos estruturais e racionais, dependem uns dos outros, um porque só ele possui a capacidade de envolver e o outro porque é necessário haver um espaço crítico que não anule, ou «mate», o observador então, definitivamente, é necessário que a superfície não seja nada mais do que, *superfície de projecção,* remetendo para o observador, a ideia de que o mundo não passa de *simulação*, isto é, da sua própria simulação.

8
CONCLUSÕES

Iniciámos este texto questionando o movimento na Arquitectura e referimos, nessa altura, que ao contrário dos mecanismos exossomáticos que têm aparecido desde a revolução industrial, a arquitectura parecia condenada a não encontrar o seu lugar porque, o movimento na arquitectura é experimentado directamente e em presença, tanto do objecto, origem dos estímulos, como do próprio utilizador e não como um sistema de simulação, como acontece no cinema.

Através da redefinição do conceito de representação, como algo cuja teatralidade ocular inicial determina um afastamento da experiência directa do objecto e como um conceito que tendeu no movimento pós-moderno para a resolução desse afastamento, pensamos ter conseguido demonstrar que na actual sociedade da mediação e no actual processo global de «simulação do mundo» a sua única saída será a de se transformar num sistema de simulação.

O percurso desta transformação fez-se através da arquitectura e levou-nos à hipótese de que a resolução das contradições entre a «estrutura própria da arquitectura» e a sua «superfície de contacto com o mundo» é a sua transformação em dispositivo de simulação, como se verifica com alguns projectos de Herzog & De Meuron.

Depois de uma sociedade disciplinar, marcada pelo início da autonomia da arquitectura ou de uma «arquitectura autónoma», para parafrasear Kaufmann (1990), onde a ocularidade e a autonomia funcional, como meios de controlo, assumem o domínio, passámos, progressivamente e ao longo de todo o século industrial, a uma verdadeira revolução social e cognitiva que, progressivamente, vai construindo uma sociedade da mediação.

Para poder conceptualizar esta revolução no âmbito do paradoxo cognitivo-perceptivo da recepção e concepção arquitectónicas, a saber, a inexistência de conexão ou contraponto entre o que definimos como percepção táctil (propriocepção, cinestesia, somestesia e sentidos internos) e o que definimos como ocular (exteroceptivos e sentidos de distância), usámos alguns conceitos que se prendiam, sobretudo, com a contradição arquitectónica, já atrás mencionada - entre uma «estrutura própria da arquitectura» e a sua «superfície de contacto com o mundo».

Dado que analisámos sumariamente outras disciplinas, nomeadamente a fotografia e o cinema, tivemos de procurar sub-conceitos que nos ajudassem, foi assim que surgiram as dualidades entre a transparência e a interacção (sob o ponto de vista da tipologia de fruição), a ocularidade e a tactilidade (sob o ponto de vista da percepção), a teatralidade e a imersão (sob o ponto de vista dos efeitos técnicos do meio), o controlo e o êxtase (sob o ponto de vista do estado do sujeito frente ao objecto ou meio) e finalmente, a hipermediação e imediatez (sob o ponto de vista do interface do dispositivo).

Percorremos, de modo muito sintético, alguns acontecimentos arquitectónicos que considerámos mais significativos para este reciocínio. Mencionámos o nascimento dos conceitos polares na própria representação medieval e o facto do Renascimento e do Barroco terem procurado a sua primeira aproximação, através da criação do primeiro dispositivo matemático e visual de mediação.

Referimos o aparecimento dos primeiros dispositivos mecânicos de ocularidade e constatámos que o seu estudo implicou, desde o início, a introdução dos conhecimentos fisiológicos e anatómicos do corpo nestes sistemas artificiais.

Vimos que a fotografia não apresenta apenas um aspecto lúdico, é um dos primeiros dispositivos de mediação exossomática, isto é, um dos primeiros dispositivos que oculta a sua constituição mecânica, de sistemas perceptivos humanos aperfeiçoados. O aparecimento do primeiro dispositivo mecânico de mediação, é também, o início da ideia de que os dispositivos de mediação, são mais credíveis do que o sistema natural neles usados (numa palavra o dispositivo de mediação é mais real que o real).

Considerámos também, que o aparecimento da necessidade de transparência e de controlo da presença, se deve à fotografia e posteriormente, ao cinema.

O cinema caracteriza-se por dar continuidade aos aspectos exossomáticos da fotografia, acrescentando-lhe o movimento. O seu objecto não é estático, mas dinâmico e a sua natureza é o movimento aparente. Depois de uma breve incursão nos estudos fisiológicos sobre o movimento humano, verificámos que o cinema congrega, nas suas tecnologias, um conjunto de sistemas exossomáticos capazes de simular, não só o movimento aparente, mas também, através da montagem, da iluminação w outros sistemas, simular emoções, espectativas, etc. e com isso, influenciar decisões.

Todos os mecanismos estudados são, necessariamente, incompletos e não resolvem a grande questão, que é a experiência física global. Como mecanismos exossomáticos, ainda não adquiriram características que lhes permitam tornar-se aloplásticos, são dispositivos externos de mediação e, embora o seu desenvolvimento, desde o surgimento do digital, concorra para a disposição de mediação, como a realidade virtual RV e realidade aumentada RA, não têm conseguido completar aquilo que, desde o início, nos parece ser o seu objectivo, o de absorver todos os sistemas perceptivos humanos.

O cinema foi sem dúvida, um dos dispositivos que conseguiu mobilizar a quase totalidade do corpo, mas, a sua limitação prende-se, exactamente, com a sua natureza, a criação de movimento aparente, isto é, a sua incapacidade para a criação de movimento efectivo e realizado.

A influência que o cinema teve na arquitectura, dá-se inicialmente, através da ideia de montagem, conforme vimos, quer em Corbusier, quer, inversamente, em Eisenstein. No entanto, o movimento na arquitectura é-lhe intrínseco e toda a tentativa de cinematografar os espaços arquitectónicos é uma redução e não um aumento de potencialidade para a arquitectura. Para nós, o movimento na arquitectura é parte de um processo que se prende com a sedução e imersão da totalidade do corpo do utilizador e foi isso que procurámos estudar.

A revolução burguesa em França, em 1789, vem trazer dois aspectos complementares à arquitectura, a ideia de dispositivo arquitectónico – com o panóptico de Jeremy Bentham, que data de 1785 - e a ideia de autonomia do objecto arquitectónico – com Claude-Nicolas Ledoux.

Considerámos estes, os dois aspectos mais determinantes, dado que a arquitectura passa a ser, doravante, um dispositivo com características ligadas à ocularidade (no sentido genérico que lhe demos antes). A ideia de um dispositivo, é aqui retirada com alguma leviandade de Foucault, mas acreditamos que, com boas razões. O panóptico é, antes mesmo de ser arquitectura, um dispositivo de controlo[18] disciplinar, mas não prescinde da sua formalização arquitectónica.

Por outro lado, a primeira libertação da arquitectura é iniciada, ao nível estereotómico, com Ledoux, quando os seus projectos se autonomizam formalmente e funcionalmente. Forma e função são resultado deste pseudo-neoclassicismo tardio, mais do que do modernismo. A libertação formal, através do uso de formas simples e expressivas, remete a significação, já não para o classicismo, mas para o próprio jogo plástico e, por essa razão, para a sua autonomia.

O segundo grande momento é o processo das Revoluções industriais que trazem, não só novos materiais para a Arquitectura, como implementam um novo mecanicismo construtivo. Apresentámos as diversas exposições universais, típicas do mercado internacional da indústria e, com ele, das múltiplas influências que trouxe para a construção em aço. A construção em aço permitiu, não só uma postura construtiva mais voltada para os aspectos tectónicos, como permitiu, primeiro nas fábricas e, depois nos edifícios comerciais, repensar a concepção arquitectónica em função do sistema construtivo. É neste panorama que aparece a Escola de Chicago e com ela a libertação dos modelos de sustentação por paredes portantes, com a consequente libertação das plantas e das fachadas. As

---

[18] Não partilhamos da ideia de Deleuze de que à sociedade disciplinar se segue a sociedade de controlo, pois consideramos que a sociedade disciplinar tem já as características necessárias para ser uma sociedade de controlo. Pelo contrário acreditamos que essa sociedade é a produtora de dispositivos de mediação e que o seu desenvolvimento e ultrapassagem está a dar-se com a cada vez maior proliferação de dispositivos de mediação.

plantas podem, doravante, ser organizadas de acordo com as funções internas e as fachadas, permitem a abertura de maiores vãos.

O conceito de transparência ou «honestidade estrutural», a par do conceito de tactilidade tectónica, passam a fazer parte do vocabulário arquitectónico. Fruto do mesmo pensamento mecanicista, é o aparecimento do elevador, que permitirá o desenvolvimento dos edifícios em altura.

Caberá a Le Corbusier ir um pouco mais longe, quando conceptualiza aquele sistema numa linguagem própria e propõe os seus cinco pontos: a libertação da planta é a possibilidade de controlar o movimento interno, através de rampas e da ideia de «*promenade architectural*»; a libertação da fachada, é a possibilidade de abrir vãos de acordo com as necessidades de iluminação e de acordo com as vistas panorâmicas que se pretendem «visualizar»; a elevação e o terraço jardim são, potencialmente, novas propostas de relacionamento com a natureza, ou uma tentativa de naturalização de uma arquitectura sentida como «artficial».

A arquitectura passa a ter as suas componentes (partes) livres para o jogo da concepção, que tanto pode ser o das formas perante a luz, como o das experiências perceptivas incutidas.

Verificámos que o modernismo deixa um legado dicotómico, à autonomia do objecto arquitectónico, conseguida pela ocularidade e transparência, opõe-se a interactividade potencial e a tactilidade.

Esta contradição será lida, pelos movimentos pós-modernos, como uma contradição entre a estrutura e a superfície. Venturi e Scott Brown, consideram que a procura de unidade deve ser evitada e propõem uma nítida separação entre o interior convencional (tradicional ou moderno) e a fachada ou pele, que comporta os elementos comunicativos da arquitectura, através do conceito de «decorated shed».

Inverte-se, assim, o desequilíbrio modernista, dando mais força onde o modernismo era mais fraco na sua comunicabilidade e, relegando para segundo plano, aquilo que caracterizava a força do modernismo, o seu interior funcional/estrutural.

Considerámos que esta proposta pós-moderna não tem conseguido atingir os seus objectivos, a saber, criar uma componente comunicacional que aproxime os utilizadores, da arquitectura. Isto acontece porque, estas propostas têm recorrido a elementos de comunicação que jogam a sua significação de forma exógena e abstracta.

Referimos ainda dois exemplos de gabinetes de arquitectura cuja posição crítica é mais radical e utópica. Os *AntFarm*, com a crítica à autonomia funcional moderna e pós-moderna, desenvolvem a experiência do espaço, propondo casas insufláveis como únicos espaços cuja experiência e comunicação, interna e externa, é total. Os *SuperStudio*, com a ideia de um monumento contínuo, única forma de exterminar a objectualidade icónica da mercadoria capitalista.

Também verificámos que a proposta crítica *high-tech* de Rogers e Foster, apenas os levoua a uma fetichização tecnológica.

As propostas de Koolhaas, são propostas que procuram libertar a própria estrutura do objecto arquitectónico, através de articulações diagramáticas funcionais e, procuram articular a sua superfície, de forma topológica e independente, mantendo uma relação conflitual com o contexto. O resultado obtido, é a criação de ícones urbanos que estariam certamente dentro da categoria venturiana da arquitectura «duck», mas desprovidos de significação iconográfica e acentuando a comunicação plástica.

Pelo seu lado, Frank Gehry, parece reposicionar a anterior dicotomia venturiana, transformando a superfície em estrutura. E embora obtenha resultados muito interessantes na experiência arquitectónica do movimento dos utilizadores, acaba, pela homogeneidade do gesto, por criar, ele também, ícones urbanos que, na maioria dos casos, apresentam significações iconográficas exógenas à arquitectura.

Qualquer das propostas do pós-modernismo, com excepção das propostas utópicas dos *AntFarm* e dos *SuperStudio*, não parecem resolver a dicotomia avançada por Venturi e Scott Brown, propondo, geralmente, arquitecturas de comunicação iconográfica exógena e pautadas pela obediência a um certo markting financeiro (ou especulativo).

Ora, esta tendência, para através da superfície reenviar a significação para ícones exógenos, é acompanhada, em geral, pela manutenção de uma autonomia da estrutura. A arquitectura oculta-se, assim, por traz da sua superfície e pelo reenvio dos significados para referentes que lhe são, em tudo, estranhos.

Mais recentemente, encontramos dois gabinetes que apontam para a transparência estrutural da arquitectura e, teoricamente, para o seu desaparecimento. Jean Nouvel, apresenta um edifício, cuja transparência ocular é quase total; através do uso de uma estrutura minima (metálica) e superfícies transparentes, em todo o edifício, remete a relação de superfície para os reflexos e transparências da envolvente. E o gabinete de Diller Scofidio + Renfro procura, através de um sistema tektónico, encontrar a transparência estrutural, remetendo a relação de superfície para um jogo técnico de criação de neblinas, fazendo, literalmente, desaparecer todo o edifício numa nuvem.

Cabe a Herzog & De Meuron propor uma solução que parece permitir transformar a arquitectura num dispositivo de mediação.

O conceito de «superfície de projecção» pode ser interpretado como a projecção da superfície sobre si própria e sobre a própria estrutura, permitindo, assim, repor a relação de conexão entre interior e exterior. Isto é, ao propor projectar a superfície na estrutura, criam a possibilidade de reactivar a experiência sensitiva através do movimento do utilizador, mas, a articulação da estrutura continua a ser determinada pelo programa arquitectónico. É assim que, pesem embora algumas mistificações estruturais externas ao nível da entrada da *Caixa Forum*, a experiência do espaço inicia-se logo com as diferenças de materiais de revestimento e, propaga-se ao longo do seu interior, através da programação de choques formais e de materiais que marcam, através de valores, quer os próprios espaços, quer a diferença dos espaços entre si. De certo modo e ao contrário das propostas de ligação entre arquitectura e cinema de Tschumi e Eisenstein, a relação já não está ao nível da concepção e da montagem, mas ao nível da própria fruição do espaço que, na realidade, só pode ser conhecido pela presença directa do utilizador.

A Arquitectura adquire assim, a possibilidade de se transformar num dispositivo de mediação, no qual agora e definitivamente, o utilizador está total e absolutamente imerso.

Procurámos, ao longo do texto, não fazer juízos de valor sobre os aspectos encontrados e limitámo-nos a constatar e a seguir uma tendência que pode não ter continuidade, pois, como refere Natalini, «Design should be considered as a 'cross-discipline', for it no longer has the function, between man and environment, of rendering our requirements more complex through the creation of a new artificial panorama. By finding a connection between data taken from the various humanistic and scientific disciplines (from the technique of body control to philosophy, the disciplines of logic and medicine, to bionomics, geography...) we can visualize an image-guide: the final attempt of design to act as the «projection» of a society no longer based on work (and on power and violence, which are connected to this), but an unalienated human relationship» (Natalini, 1972. p.2).

Bibliografia

● Alberti, Leon Battista (1999) De la pintura y outros escritos sobre arte. Madrid: Editorial Tecnos SA.

● Augé, Mark ([1992] 2008) Non-places: an introduction to supermodernity. London and New York: Verso.

● Baudrillard, Jean (1976) L'échange symbolique et la mort. Bibliothèque des Sciences Humaines. Paris : Éditions Gallimard.

● Baudrillard, Jean ([1978] 1982) A l'ombre des majorités silencieuses. Paris: Editions Denoel /Gonthier.

● Benjamin, Walter ([1935] 1997) «Paris: the capital of the nineteenth century», in Charles Baudelaire: a lyric poet in the era of high capitalism. Verso Books.

● Benjamin, Walter (1983) Charles Baudelaire: A Lyric Poet in the Era of High Capitalism, Harry Zohn, trans. London.

● Benjamin, Walter (1969) On Some Motifs in Baudelaire. in Illuminations. Translated by Harry Zohn, 155-200. New York: Schocken Books, Inc.

● Benjamin, Walter (1992) Sobre arte, técnica, lingiagem e política. Int. T. W. Adorno. Lisboa: Relógio D'Água Editores.

● Berthoz, Alain ([1997] 2008) Le sens du mouvement. Paris : Éditions Odile Jacob

● Biran, Maine de ([1803] 1953) Influence de l'habitude sur la faculte de penser. Paris: ed. P. Tisserand.

● Borlng, E. G. (1942). Sensation and Perception in the History of Experimental Psychology.

● Canelas, Carlos (s.d.) Os fundamentos históricos e teóricos da montagem cinematográfica: os contributos da escola norte-americana e da escola soviética. Instituto Politécnico da Guarda.

● Chevreul, M. E. (1839) De la Loi du contraste simultané des couleurs. Paris : chez Pitois-Levrault.

● Choay, Françoise (1965) L'urbanisme, utopies et réalités : une anthologie. Essais. Paris : Éditions du Seuil.

● Choisy, Auguste (1899) Histoire de l'architecture, 2 vols. (642, 514 p.). Paris: Gauthier-Villars.

● Comolli, Jean-Louis ([1971] 1996) Machines of the Visible in Electronic Culture: Technology and Visual Representation, ed. Timothy Druckrey. Aperture Press.

● Comolli, Jean-Louis ([1972] 1986) «Technique and Ideology: Camera, Perspective, Depth of Field» in Narrative, Apparatus, Ideology: A Film Theory Reader, ed. Philip Rosen. Columbia University Press

● Crary, Jonathan (1988) «Technics of the observer» in *October*, Vol. 45. pp. 3-35. MIT Press.

● Damásio, António R. (1995) O erro de Descartes: emoção, razão e cérebro humano. Mem Martins: Europa-América, Lda

● Debord, Gut ([1967] 2012) A sociedade do espectáculo. Lisboa: Antígona, editores refractários.

● Deleuze, Gilles ([1986] 1997) Cinema 1: the movement-image. Indianapolis: University of Minnesota Press.

● Derrida, Jacques (1979) «O poço e a pirâmide: introdução à semiologia de Hegel» in Hegel e o pensamento moderno. Colecção substância. Porto: Rés Editora pp. 39-107

● Durand, Gilbert ([1980] 1989) As estruturas antropológicas do Imaginário. Lisboa: Editorial Presença.

● Eisenstein, Sergei M. (1938) Montage and Architecture. In: Assemblage 10, December 1989, S. 111-131

● Faure, Elie (1922) «De la cineplastique» in L'Arbre d'Eden. Paris: Editions Cres.

• Feuerbach, Ludwig ([1841] 2007) A essência do cristianismo. Petrópolis, Rio Janeiro: Vozes. Original alemão Das Wesen des Christentums. Leipzig: Otto Wigand.

• Foucault, Michel (1970) The Order of Things, New York: Pantheon.

• Foucault, Michel (1977) «Le jeu de Michel Foucault» (entretien avec D. Colas, A. Grosrichard, G. Le Gaufey, J. Livi, G. Miller, J. Miller, J.-A. Miller, C, Millot, G. Wajeman), in Ornicar, Bulletin Périodique du champ freudien, no 10, juillet 1977, pp. 62-93

• Foster, Hal (2011) The Art-Architecture complex. London: Verso Books

• Fournel, Victor ([1867] 2004) Ce qu'on voit dans les rues de Paris. Paris: See Shaya

• Foley, Suzanne (1980) Space, Time, Sound: Conceptual Art in the San Francisco Bay Area, the 1970s. San Francisco, CA: San Francisco Museum of Modern Art.

• Fried, Michael (1998) Art and Objecthood: Essays and Reviews. University of Chicago Press.

• Fried, Michael (1981) Absorption and Theatricality: Painting and Beholder in the Age of Diderot. California.

• Goethe, Johann Wolfgang von (1840) Goethe's Theory of Colours. London: J. Murray

• Grusin, Richard & Bolder, Jay David (2000) Remediation: Understanding New Media. Cambridge Massachusetts, London: The MIT Press.

• Harvey, David ([1989] 1993) Condição Pós-moderna. Tradução: Adail Ubirajara Sobral e Maria Stela Gonçalves, São Paulo: edições Loyola

• Herzog and De Meuron (2005) Natural History. Lars Müller Publishers.

• Huhtamo, Erkki (1995) «Encapsulate bodies in motion: simulators and the quest for total immersion» in Critical Issues in

Electronic Media, Simon Penny, ed. Cap 8 pp. 159-186. Albany: State University of New York Press.

● Kaufmann, Emil ([1933] 1990) De Ledoux a Le Corbusier: Origine et développement de l'architecture autonome. Paris: Livre & Communication.

● Kimmel, Laurence (2014) « L'expérience du terminal portuaire de Yokohama par Foreign Office Architects à la lumière des sciences cognitives. In /Perception / Architecture / Urbain (2014) direction de Younès, Chris et Bonnaud, Xavier, collection Archigraphy Poche. Infolio éditions. pp. 145-172

● Koolhaas, R, ([1978] 2004) Delirio de Nueva York.Barcelona: Gustavo Gili SA.

● Le Corbusier ([1923] 1925) Vers une Architecture. 2eme edition. Paris: Les Éditions G. Crés et C.

● Le Corbusier et Janneret, P (1936) Ouvre complete 1910-1929.Les Editions d'Architecture.

● Natalini, Adolfo (1972) The New Domestic Landscape. Catalog from the Exibition at Museum of Modern Art (MOMA).

● Norbert-Schulz, Christian (1992) Architecture Barroque. Col. Histoire de l'architecture. Paris/Milano: Gallimard/Electa

● Panofsky, Erwin ([1927] 1993) A perspectiva como forma simbólica. Colecção arte e comunicação. Lisboa: Edições 70.

● Panofsy, Erwin ([1955] 1979) Significado nas artes visuais. Col Debates. S. Paulo: Ed.Perspectiva

● Panofsky, Erwin ([1960] 1981) Renascimento e renascimento na arte ocidental. Lisboa: Editorial Presença.

● Panofsky, Erwin ([1951] 1991) A Arquitectura Gótica e Escolástica: sobre a analogia entre arte, filosofia e teologia na Idade Média. S. Paulo: Martins Fontes.

● Reyner Banham (1960) Theory and Design in the First Machine Age. London: Architectural Press.

● Reyner Banham (1966) The New Brutalism: Ethic or Aesthetic? New York: Reinhold.

● Ricoeur, Paul ([1976] 1996) Teoria Da Intepretação, Biblioteca de Filosofia. Edições 70.

● Ruscha, Edward ([1966] 1970) Every Building on the Sunset Strip. 2nd Ed. Heavy Industry Publications.

● Samuel, Flora (2010) Le Corbusier and the Architectural Promenade. Birkhäuser Architecture.

● Sequeira, João B (2010) «Sobre a fundamentação da Arquitectura: reflexões sobre uma crise» in AE… Revista Lusófona de Arquitectura e Educação, nº3. Lisboa: LabART Edições.

● Sequeira, João M. (2009) Fundamentos para uma semiótica da Morfologia Urbana. Tese de doutoramento.

● Sequeira, João M. (2017) «A fotografia e a memória: estórias do fotógrafo Alexandre D. O'Neill» in Actas do 5º seminário internacional Museografia e Arquitectura de Museus: Fotografia e Memória. (pp.01-31) Rio Book's 1ª Edição 2016 ISBN 978-85-9497-006-0

● Sontag, Susan (1977) On Photography, London: Penguin Books.

● Tafuri, Manfredo (1979) Teorias e História da Arquitectura. Col Bib. Textos Universitários. Lisboa / S. Paulo: Editorial Presença/Martins Fontes.

● Tschumi, Bernard (1990) Text 5: Questions of Space. London: AA Publications

● Tschumi, Bernard ([1981] 1994) The Manhattan Transcripts: Theoretical Projects. London: Academy Editions

● Tschumi, Bernard (1994) Architecture and Disjunction. London: The MIT Press

● Venturi, R., Brown, D.S. e Izenour, S. ([1972] 1977) Learning from Las Vegas: the forgotten symbolism of architectural form. Cambridge, Massachusetts, and London: MIT Press.

● Vidler, Anthony (1993) The Explosion of Space: Architecture and the Filmic Imaginary. In Assemblage, No. 21, pp. 44-59. MIT Press

● Virilio, Paul (1988) La machine de vision. Paris: Éditions Galilée.

● Worringer, Wilhelm (1967) Abstraction and Empathy. Cleveland: The world Publishing Company.

● Zumthor, Paul ([1993] 1994) La medida del Mundo: representación del espacio en la Edad Media. Madrid: Ediciones Cátedra SA.

SOBRE O AUTOR

João Manuel Barbosa Menezes de Sequeira nasceu em Lisboa, é Licenciado em Arquitectura pela Universidade Técnica de Lisboa, é Mestre em Desenho Urbano pelo ISCTE - Instituto Universitário de Lisboa, com a dissertação «Da cidade Colagem à Cidade Evento: contribuições para o estudo do significado nos textos urbanos» e Doutorado em Urbanismo pela ULHT com a tese «Fundamentos para uma semiótica da Morfologia Urbana: contributo para o estudo da semiotização perceptiva da morfologia urbana e arquitectónica». É docente universitário desde 1993, tendo sido Professor Associado e Director do Departamento de Arquitetura na ULHT até ao final de 2016, estando desde 2017 no curso de Arquitectura da Universidade da Beira Interior, como Professor Convidado. É membro da Ordem dos Arquitectos e do Colégio dos Arquitectos Urbanistas. É investigador integrado no Centro de Investigação em Arquitectura, Urbanismo e Design CIAUD na Universidade de Lisboa e investigador colaborador no CHAIA da Universidade de Évora. É membro fundador da Architecture Research European Network Association ARENA desde 2013 e foi um dos autores da EAAE Charter on Architectural Research aprovada em Chania em 2012. Foi o fundador e coordenador científico do centro de I&D LabART desde 2008 até 2019.

Em 1992 juntamente com a Arq. Luisa Paiva fundou o Laboratório de Arquitectura Urbanismo e Artes LabART (ex. AJLS) focado na arquitectura e urbanismo na escultura e na música, onde é autor de diversos projectos de Arquitectura, Urbanismo e design de equipamento. Recebeu 2 prémios Internacionais de Arquitectura Sustentável e de Resiliência às Alterações Climáticas um da UIA e outro da OEM de New York City.